AF642993

Hans H. Hanke

Bochum

Auf den zweiten Blick

Der besondere Stadtführer zu den verborgenen Schätzen

Bildnachweis

Stadt Bochum, Stadtarchiv / Bochumer Zentrum für Stadtgeschichte: 10 ol, or / 15 ul / 28 / 32 o / 74 / 83 / 97 / 110 / 133 u / Stadt Bochum, Referat für politische Gremien, Bürgerbeteiligung und Kommunikation, Bildarchiv: 12 ul / 29 o / 38 / 56 o / 68 / 104 u / 140 o (Hanisch) / Bochum, Dirk Ernesti, Sammlung: 79 / 80 / Bochum, Fahrzeug-Werke LUEG AG: 39 / Bochum, LWL Porta Polonica: 44 or / Bochum, Familie Eickhoff: 52 / Bochum, Heintzmann Industries GmbH: 54 or / Melbourne, Plaza Ballroom: 61 / Bochum, Buxus-Stiftung: 67 / Klaus Kuliga, www.artibeau.de, Artikel: Jungmädchen-Brunnen: 103 / 104 o / Wikipedia, Artikel: Enke-Brunnen, Kocurik 2010: 106 / Zürich, Schweizerisches Sozialarchiv: 114 / 115 / Münster, LWL Denkmalpflege, Landschafts- und Baukultur in Westfalen, Bildarchiv und Stegmann: 133 o / Bochum, Deutsches Forum für Figurentheater und Puppenspielkunst: 146 u / 151 o / siehe Literatur Bündemann, S. 164: 65 / siehe Literatur Poniatowska 1987, Abb. 20: 46 ur / siehe Literatur Bertram 1938, S. 47: 20 / siehe Literatur Fehn 1997, S. 317, 429: 120 / Reproduktionen historischer Ansichten und alle anderen Abbildungen: Hans H. Hanke.

Bibliografische Information der Deutschen Nationalbibliothek
Die Deutsche Nationalbibliothek verzeichnet diese Publikation in der Deutschen Nationalbibliografie; detaillierte bibliografische Daten sind im Internet über http://portal.dnb.de abrufbar.

Impressum

1. Auflage Mai 2024
Satz und Gestaltung: Joachim Bartels
Umschlaggestaltung: Roland Pecher
Umschlagfotos: Hans H. Hanke, Schweizerisches Sozialarchiv, Architekturmuseum TU Berlin
Druck und Bindung: AALEXX Druck Produktion, Thönser Str. 5a, 30938 Großburgwedel
© Klartext Verlag, Essen 2024
Alle Rechte vorbehalten
ISBN 978-3-8375-2583-0

KLARTEXT

Jakob Funke Medien Beteiligungs GmbH & Co. KG
Jakob-Funke-Platz 1, 45127 Essen
info.klartext@funkemedien.de
www.klartext-verlag.de

Inhalt

Bevor es losgeht

Manche Kuriosität, manche interessante Historie einer Stadt blüht im Verborgenen, denn sie werden einfach übersehen oder erschließen sich dem Betrachter erst auf den zweiten Blick.

An einigen prominenten und weniger prominenten Orten müsste man eigentlich mal schauen, um was genau es da geht, dachte ich schon lange. Nun ist es geschehen und die gründlichere Betrachtung hat mich im Ergebnis oft selbst überrascht: Ein großer Notenschlüssel in Grumme erinnert an das entschwundene Kulturzentrum Musikhaus Kühl. Die schöne Gerther Elisabeth-Kirche ist als Baukasten angelegt. Das Schauspielhaus umarmt die Welt und man sieht es ihm an.

Auch wenn man es nicht zu hoch hängen sollte: Die Betrachtungen gewähren Einblicke in Bochums kleines und großes Geschehen. Sie regen vielleicht auch dazu an, den Blick in die Welt zu öffnen und Weiterzudenken. Das gilt zum Beispiel für Bochums Schweizer Flagge, obwohl die längst verschwunden ist. Das gilt für Russland, in dem ein Bochumer zu den Mächtigen gehörte und ein anderer Weltenbummler aus Bochum Namenspate einer Halbinsel wurde.

Es ist nicht alles gut: Der tragische Unfall der armen Edith wurde propagandistisch missbraucht, einem Löwen an der Königsallee ist der Rachegeist nur schwer auszutreiben. Und selbstverständlich wird hier und da wieder einmal deutlich: Bochumer Geschichte ist nicht die Männerwelt, als die sie manches Denkmal noch heute schildert. Frauen prägten zum Beispiel das seit Urzeiten vorbildliche Kinderheim Overdyck, leiteten die im Bergbau Sicherheit bietende Firma Heintzmann oder bewahrten die imposante alte Villa des Kunstmuseums. Kurzum: In Bochum kann man viel Geschichte und noch mehr Geschichten entdecken.

Ich bedanke mich bei Allen, die mir mit Bildern und Erinnerungen geholfen haben und beim Klartext Verlag für die freundliche redaktionelle Betreuung.

Man sieht, was man weiß. Schauen Sie mit, nicht nur einmal, sondern zweimal. Ich hoffe, sie haben mit mir Freude daran, bleiben Sie neugierig!

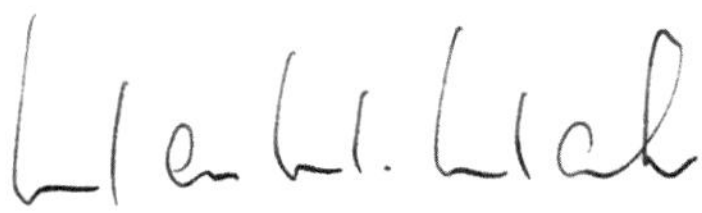

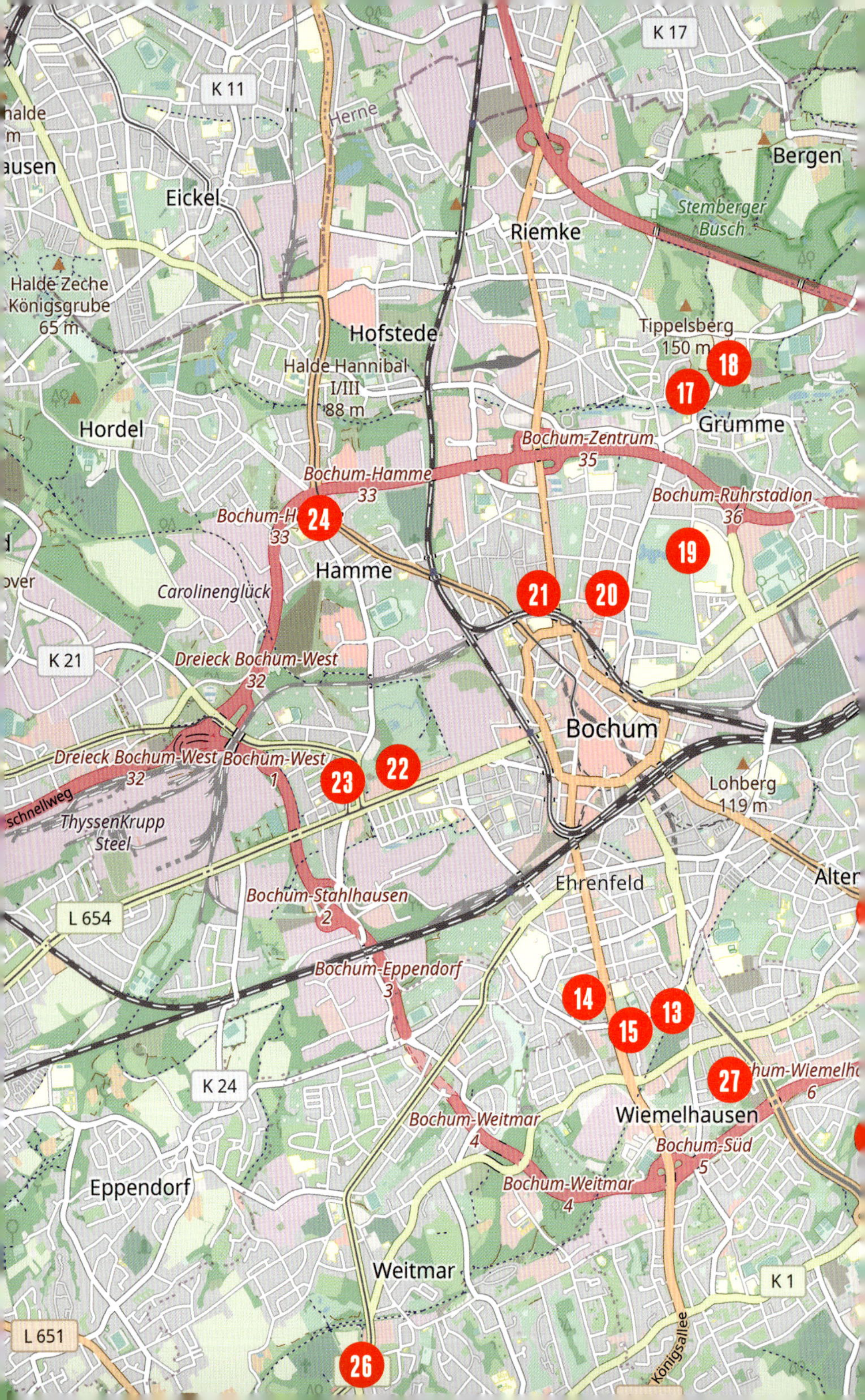

K 17
K 11
Herne
Bergen
Stemberger Busch
Eickel
Riemke
Halde Zeche Königsgrube 65 m
Hofstede
Tippelsberg 150 m
Halde Hannibal I/III 88 m
18
17
Grumme
Hordel
Bochum-Zentrum 35
Bochum-Hamme 33
Bochum-Ruhrstadion 36
Bochum-H 33
24
19
Hamme
21
20
Carolinenglück
K 21
Dreieck Bochum-West 32
Bochum
Dreieck Bochum-West 32
Bochum-West 1
23
22
Lohberg 119 m
schnellweg
ThyssenKrupp Steel
Ehrenfeld
Alter
Bochum-Stahlhausen 2
L 654
Bochum-Eppendorf 3
14
13
15
27
K 24
Wiemelhausen
Bochum-Weitmar 4
Bochum-Süd 5
Eppendorf
Bochum-Weitmar 4
Weitmar
K 1
L 651
26
Königsallee

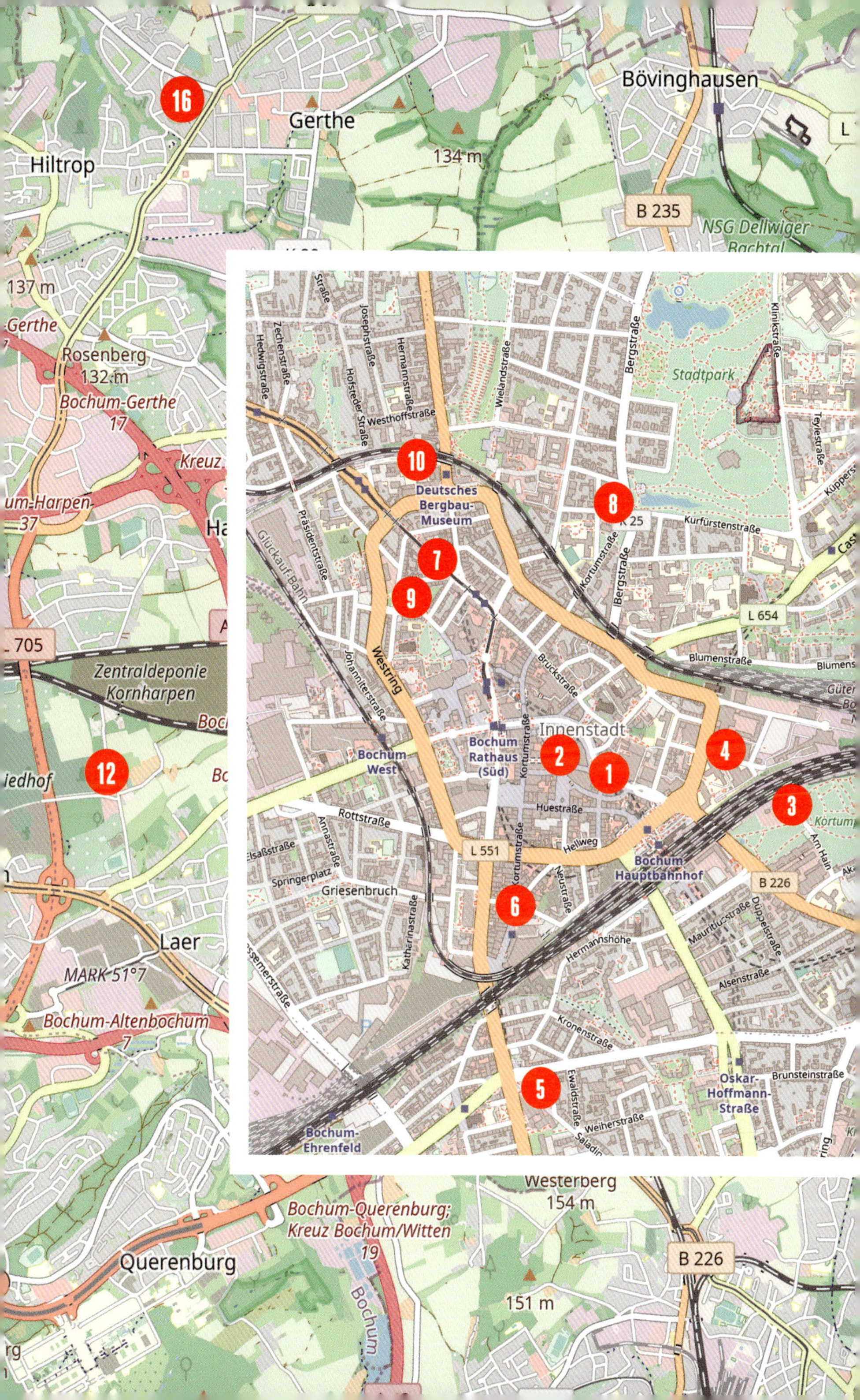

16
Gerthe
Bövinghausen
Hiltrop
134 m
B 235
NSG Dellwiger Bachtal
137 m
Gerthe
Rosenberg
132 m
Bochum-Gerthe
17
Kreuz
um-Harpen
37
705
Zentraldeponie Kornharpen
12
iedhof
Laer
MARK 51°7
Bochum-Altenbochum
7
Westerberg
154 m
Bochum-Querenburg; Kreuz Bochum/Witten
19
Querenburg
B 226
151 m
Straße
Zechenstraße
Hedwigstraße
Josephstraße
Hofsteder Straße
Hermannstraße
Westhoffstraße
Wielandstraße
Bergstraße
Stadtpark
Klinikstraße
Teylestraße
10
Deutsches Bergbau-Museum
8
K 25
Kurfürstenstraße
Präsidentstraße
Glückauf-Bahn
7
9
Kortumstraße
Bergstraße
L 654
Blumenstraße
Westring
Johanniterstraße
Brückstraße
Innenstadt
Bochum West
Bochum Rathaus (Süd)
2
1
4
3
Rottstraße
Huestraße
Hellweg
Annastraße
Elsaßstraße
Springerplatz
Griesenbruch
L 551
Bochum Hauptbahnhof
B 226
Am Hain
6
Neustraße
Mauritiusstraße
Düppelstraße
Hermannshöhe
Katharinastraße
Alsenstraße
Kronenstraße
5
Ewaldstraße
Weiherstraße
Oskar-Hoffmann-Straße
Brunsteinstraße
Bochum-Ehrenfeld

01 | Innenstadt
Bochums Drehbuch

Blickt man am Hellweg 1 entlang der schön verzierten Fassade des Geschäftshauses hinauf in Richtung Regenrinne, entdeckt man ein eigenartiges Wappen. Da liegt ein Buch aufgeklappt auf seinen geöffneten Seiten. Das wohl um 1890 für die Brauerfamilie Scharpenseel entstandene Gebäude bekennt sich damit zu seiner Heimatstadt, denn dieses Buch ist das Wappen Bochums. Aber warum liegt es da so seltsam verdreht?

Bochum ist zwar seit 900 bekannt, ein Wappen hat der Ort aber erst seit 1381. Das Buch lag damals ganz brav geschlossen mit dem Rücken nach links, so wie man es von einem geschlossenen Buch erwartet. Das änderte sich 1518, da drehte man den Rücken des Buches plötzlich nach rechts, als habe es jemand gelesen und soeben die letzte Seite zugeschlagen. Diese Drehung mag auf die seltsame Interpretation zurückzuführen sein, Bochum bedeute „Buch-um". Die Scharpenseels konnten sich anscheinend nicht recht mit dieser Buch-um-Version abfinden und haben eine eigene Variante ersonnen.

Bis heute hat sich die Interpretation des Stadtnamens als „Buch-Heim", also als „Heim unter Buchen" bewährt. Entsprechend wurde der Buchrücken 1913 wieder „normal" nach links gedreht. Eine stolze Mauer krönte die nächsten Jahrzehnte das Emblem. Diese selbstbewusste Version leistete sich das zur Großstadt gewachsene Bochum, das 1904 durch die Eingemeindung verschiedener Nachbarorte die magische Einwohnerzahl von 100.000 überschritten hatte.

Es ist schade, dass das Wappen am Scharpenseel-Haus so hoch hängt. Denn das Buch hat noch allerlei Zutaten: Erkennen lässt sich ein Ritterhelm. Um den

Wegen der Veränderungen im Erdgeschoss und am Dach übersieht man am Hellweg die romantische Ausschmückung der Fassade mit Säulchen, Kugeln, gotischen Brüstungen, Drachen und ... dem Bochumer Wappen.

Von unten ist der Ideenreichtum nicht erkennbar: Um das Bochumer Buch gruppieren sich ein Ritterhelm, ein preußischer Orden und eine Krone. Hände halten Hammer und Zweispitz.

Hals des Helmes hängt eine Kette mit dem Kreuz eines preußischen Roten-Adler-Ordens. Auf dem Helm sitzt eine Krone. Und hinter der Krone ragen zwei Hände empor. Sie halten einen Hammer und einen Zweispitz zur Steinbearbeitung. Die ganze Komposition ist eine recht wilde Mischung, ganz nach dem Geschmack der damaligen Zeit. Aber was will uns das Wappen sagen? Die Scharpenseels waren ein mindestens seit 1486 in Bochum-Dahlhausen lebendes Bauerngeschlecht, das schon im 18. Jahrhundert auch Kohleabbau betrieb. Hier am Hellweg und der benachbarten Trankgasse gründeten sie 1853 eine Brauerei, die später als Schlegel-Scharpenseel berühmt und erfolgreich wurde. Man könnte meinen: Diese vielfältige Geschichte wurde um 1890 im Wappen veranschaulicht als noch nicht beiseite gelegtes, offenes Buch der Familiensaga.

Die Krone über dem Buch findet sich nicht nur am Scharpenseel-Haus, sondern zum Beispiel auch in dieser amtlichen Akte der Stadt von 1854 und dem Adressbuch von 1908.

Das Wappen auf einem Stadtsiegel von 1491

Das gedrehte Buch am Haupteingang der ehemaligen evangelischen Volksschule Bochum-Grumme, Liboriusstraße 39

Auch an der ehemaligen Westfalenbank an der Huestraße 23-25 hat sich das gedrehte Buch erhalten.

Das bis 1967 gültige Stadt-wappen mit preußisch vorgeschriebener Großstadtmauer als Bekrönung

Seit 2015 verwendetes modernisiertes, aufgeklapptes Buch als Logo

Diese Buch mit dem Wattenscheider „märkischen Balken" ziert seit 2009 das Rathaus-Portal.

Seit 2015 verwendet die Stadt Bochum ein durchgreifend modernisiertes Buch als Logo. Entworfen von der „Gruppe Bochum", einem Konsortium aus neun Agenturen, die sich zusammengeschlossen hatten, um ihrer Stadt eine neue, zukunftsträchtige Marke zu verpassen. Sie haben sich zu einer weiteren Drehung des Buches entschlossen: Nun liegt es aufgeklappt und zum Lesen bereit vor uns – als Drehbuch der Bochumer Zukunft.

Dem Bochumer Buch wird der Ruhm zuerkannt, im deutschen Raum das einzige dreidimensional dargestellte Wappen des Mittelalters zu sein. Weil es den Stadtnamen durch das Bild eines Gegenstandes andeutet, wird das Buch wissenschaftlich zu den „redenden Wappen" gezählt. 1976 fiel die Mauer auf dem Wahrzeichen und es erschien hinter dem Buch der „Märkische Balken". Er stammt aus der ehemaligen Grafschaft Mark und gehörte vorher in das Wappen der 1975 mit Bochum zusammengeschlossenen Stadt Wattenscheid. Die altüberlieferten Stadtfarben Bochums sind Blau und Weiß. In zwei Zusammenhängen fällt das besonders auf. Zu Ehren der Stadt sind diese Farben auch auf den Bahnsteigen des 1957 errichteten Bochumer Hauptbahnhofs verwendet worden, einem heute denkmalgeschützten Schmuckstück der 1950er Jahre. Darüber hinaus sind Blau und Weiß als Bochumer Farben deutschlandweit vertreten, denn die in Bochum gegründete und ansässige Firma ARAL hat sie sich ausdrücklich unter diesem lokalen Bezug 1937 zu eigen gemacht.

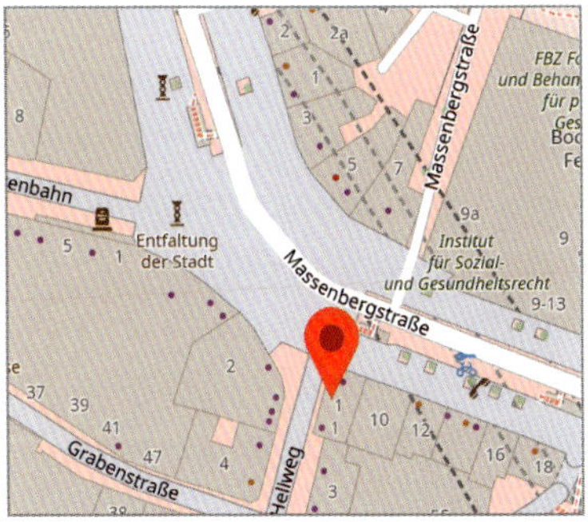

Hellweg 1,
44787 Bochum

02 | Innenstadt
Russlands Bochumer

Niemand denkt an Russland, wenn er dieses 1950 aufgehübschte Kirchlein von 1655 sieht. Vergessen ist die Pastorenfamilie, die hier über Generationen amtierte. Schade, denn ein Familienmitglied beherrschte ehedem Russland. Die Geschichte des Mannes begann mörderisch: Im Sommer 1703 kam ein Steckbrief nach Bochum. Der war gemäß der damals üblichen Sitten von den kirchlichen Kanzeln bekannt zu machen. Johann Conrad Ostermann, Pastor an dieser Pauluskirche, bekam den Steckbrief an einem Sonntagmorgen „kurz vorher, da er die Kanzel besteigen wollte. Er fiel in Ohnmacht und konnte die Predigt nicht halten". Denn es war der Sohn des Pastors, der mit diesem Steckbrief als Mörder gesucht wurde. Es ging um Johann Heinrich Friedrich Ostermann (1687–1747).

Im Jahr zuvor, also 1702, war Ostermann, erst 15 Jahre alt, zur Universität Jena gereist. Dort soll er als Student der Rechte „sehr fleißig gewesen sein, aber doch zuweilen wegen seines Hitzkopfes Händel gehabt haben". Er war auch an dem oft wüsten studentischen Leben damaliger Zeiten beteiligt. So kam es zu der Wende in Ostermanns Schicksal. Ein Pfarrer aus Bochum-Ümmingen berichtete darüber als Augenzeuge: „Auf den Keller zu Jena kommt ein Student. Er lässt sich Essen reichen und setzt sich mit seinen Freunden in den Winkel eines Zimmers, in dem ein Schwarm betrunkener Westfälinger toset. Unter diesen ist der kleine Ostermann, der, trunken, den Einfall bekommt zu tanzen und sich dabei so seltsam gebehrdet, dass der hinter dem Tische auf einer Bank sitzende Fremde darüber lächelt. Einer von der lärmenden Gesellschaft, der dies

Die Pauluskirche, erbaut von 1655 bis 1659, im Zweiten Weltkrieg zerstört, von 1949 bis 1950 verändert wiederaufgebaut

Der russische Graf Johann Heinrich Friedrich Ostermann war Bochumer.

bemerkte, sagt zu Ostermann: Bruder, der da lacht dich aus. Ohne dies näher zu untersuchen und die gewöhnlichen Förmlichkeiten zu beobachten, zieht Ostermann den Degen und stößt den unglücklichen Jüngling augenblicklich nieder. Er flohe und entkam der Justiz."

Die Flucht des nun 16-Jährigen führte nach Amsterdam. Von dort hoffte er wie so viele andere den Weg nach Russland zu finden. Sein älterer Bruder war schon dort. In Holland hielt sich damals ein russischer Admiral auf, um geschickte Leute aller Berufe für Russland anzuwerben. Er nahm den Bochumer Heinrich Ostermann 1704 als Sekretär mit nach Petersburg. „Als sich nun einige Jahre nachher Peter I. auf des Admirals Schiffe befand und Briefschaften auszufertigen hatte, fragte er den Admiral, ob er nicht einen Vertrauten habe, der sie schreiben könne. Der Admiral stellte ihm Ostermann vor, der das Russische so gut gelernt hatte, dass er es wie seine Muttersprache redete. Da der Kaiser Verstand an ihm bemerkte, nahm er ihn in seine Dienste als Geheimschreiber, macht ihn zu seinem Vertrauten, bediente sich seiner in den wichtigsten Geschäften und erhob ihn in wenigen Jahren zu den höchsten Ämtern des Reiches."

Angeblich hat Peter I. (1672–1725) noch auf seinem Sterbebett Ostermann als einen Staatsdiener empfohlen, der das wahre Interesse Russlands am besten kenne und unentbehrlich sei. So geschah es. Zum Grafen ernannt, als Außenminister und Premierminister sowie Erzieher des Zaren Peter II. (1715–1730) hieß es schließlich um 1740: „Die Regierung lag tatsächlich in den Händen des Herrn Biron aus Kalmzeen in Kurland, des Herrn Ostermann aus Bochum in Westfalen und des Herrn v. Münnich aus Neu-Huntorf in Oldenburg."

Im Rahmen von Thronfolge-Streitigkeiten ändert sich das aber dann sehr schnell. 1741 wurde Graf Ostermann verhaftet. Man hielt ihm insbesondere langjährige Aktivitäten gegen die Thronbesteigung der Zarin Elisabeth I. (1709–1762) vor, die dennoch das Kaiseramt übernahm. Nun wurde es spannend: Der Angeklagte erfuhr sein Urteil nach damaligen Regeln erst auf dem Richtplatz. Er sollte geköpft und dann gerädert werden. Als der Henker mit dem Beil zum Schlagen ausholte, rief der Senatsschreiber: „Gott und die Kaiserin schenkten dir das Leben!" Es folgte eine Verbannung nach Berjosowo in Sibirien, das rund 1.800 Kilometer östlich von Petersburg liegt. Dort überlebte Graf Ostermann seine Entmachtung noch fünf Jahre. Er starb am 25. Mai 1747.

Ostermanns Verdienste in Russland lagen in der Unterstützung und Fortführung der Reformen des Zaren Peter I., der kulturellen Öffnung nach Westen, einer europäischen Bündnispolitik sowie der territorialen Ausdehnung Russlands bis an das schwarze Meer. Der preußische König Friedrich II. (1712–1786), genannt „der Große", schrieb einmal über Ostermann in Russland: „Als geschickter Steuermann lenkte er das Staatsschiff mit stets sicherer Hand durch die Stürme der Revolutionen. Er stammte aus der Grafschaft Mark in Westfalen und war von niedriger Herkunft. Aber die Natur teilt die Talente ohne Rücksicht auf den Stammbaum aus."

P.S.: Für seinen Mord oder Totschlag in Jena musste Ostermann sich nie verantworten, weil er trotz mehrfacher Aufforderung nie vor ein Gericht zur Urteilsfindung trat. Es drohte ihm nach damaligen Recht, wenn nicht die Todesstrafe, so doch die Folter. Nur mit viel Glück wäre er nach dem Rechtsspruch „im Zweifel für den Angeklagten" mit einer Geldstrafe davongekommen.

Die Pauluskirche 2023 mit dem Blick auf die Fenster des Künstlers Willy Heyer von etwa 1950

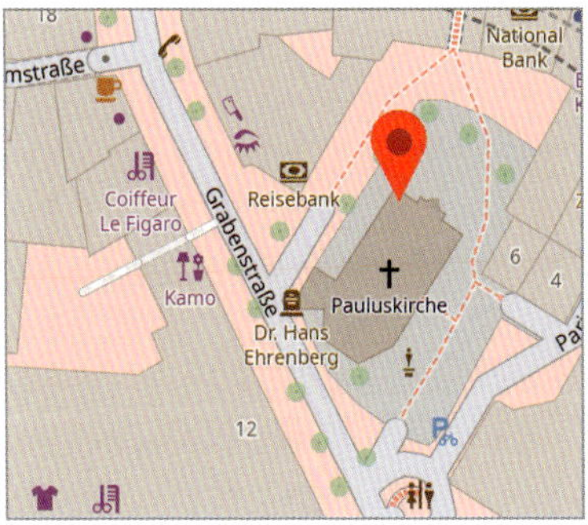

Grabenstraße 6,
44787 Bochum

03 | Innenstadt
Jakobs Grab

Am Rand der Innenstadt, fast am Hauptbahnhof, erhebt sich der Lohberg mit dem Kortum-Park. Am höchsten Punkt dieses schönen alten Friedhofs zieht ein Grab durch seine Größe und einen ansprechenden Figurenschmuck Aufmerksamkeit auf sich. Das Grabmal gilt dem Gründer des Bochumer Vereins Jakob Mayer (1813–1875) – der mal mit k und oft mit c im Vornamen geschrieben wird. Es ist heute weitgehend unbekannt, dass ihm vom Lohberg aus der ewige Blick auf sein Werk ermöglicht werden sollte und dass der Papst ihm ein längst verschollenes Marmortäfelchen schenkte. Zudem schuf die Büste des Verstorbenen der ehemals renommierte Künstler Wilhelm Gardy (1847–1890).

Das Grabmal hat seit seiner Entstehung 1877 etwas gelitten, zumal es im Zweiten Weltkrieg umstürzte. Es fehlt die Umzäunung, ein Kreuz auf der Spitze und allerlei gotischer Zierrat. Es fehlt auch der um 1900 noch herrliche Ausblick. Das kleine blinde Rechteck unter der Büste des Verstorbenen fällt gar nicht auf. Dass hier aber etwas Wichtiges auffällig platziert war, konnte man noch 1938 in Wort und Bild erfahren: „Das Grabmal ziert ein Marmorstein aus der Katakombe des Heiligen Calixtus, den Papst Pius IX. stiftete. Das Auge des Besuchers schaut von hier auf die gewaltigen Werkanlagen des Bochumer Vereins, deren Gründer er gewesen ist."

1842 hatte sich der Schwabe und Uhrmacherlehrling Jakob Mayer in Bochum mit einer großen Vision niedergelassen. Mit rund 70 Arbeitern setzte er seine Suche nach einem feuerbeständigen, elastischen und gasdurchlässigen Material

Das Grabmal der Familie Jakob Mayer
im Kortum-Park 2023

Das 1877 gebaute Grabmal der Familie Jakob Mayer im Kortum-Park, an der Vorderseite erkennt man klein ein Marmortäfelchen, Zustand um 1937.

fort, in das er den mit rund 1600 °C enorm heißen flüssigen Stahl gießen und sofort formen konnte. Zum Erreichen solcher Temperaturen benötigte er sehr guten Koks aus bester Kohle. Die war in großer Tiefe zu finden, aber schwer erreichbar. Aus diesem Grund hatte es Jakob Mayer nach Bochum an die Alleestraße in die Nachbarschaft der Zeche Präsident gezogen, die als eine der ersten Tiefbauzechen 1840 bis 1844 in Betrieb ging. Sein Plan gelang. 1847 hatte er endgültig den Stahlformguss erfunden und konnte Stahlprodukte in einem Zug herstellen, die bis dahin nur in mehreren aufwendigen Schritten des Gießens und Schmiedens zu erzeugen waren. Seine Produkte waren von hoher Qualität und deutlich preiswerter als herkömmlich hergestellte Konkurrenzfabrikate. Mit Geschützen, Rädern und Schienen für die aufstrebende Eisenbahn sowie Glocken wurden er und sein später so genannter „Bochumer Verein für Bergbau und Gußstahlproduktion" extrem erfolgreich. Am 30. Juli 1875 starb er an einem schweren Nierenleiden im Alter von 62 Jahren.

Da fehlt unter Jakobs Büste „ein Stück aus meinem geliebten Friedhof des Calixtus. Im 20. Jahr des Pontifikates des Papstes Pius IX."

Im Gedächtnis seiner Mitarbeiter lebte er fort als schlichter, ernster, stiller, gar sturer Mensch in unermüdlicher Arbeit. Seine Tage verbrachte er angeblich am liebsten unter seinen Arbeitern, vor allem mit denen, die von Anfang an dabei waren. „Seine wenig zugänglich Natur, die Schwerfälligkeit des schwäbischen Bauernsohnes, seine mangelnde wirtschaftliche Begabung und sein Versagen in der Menschenführung ließen ihn nicht zu der glänzenden äußeren Höhe kommen, die mancher anderer Pionier des rheinisch-westfälischen Industriegebietes erklomm", heißt es 1938. Zwei Dinge liebte er besonders: seine gelehrigen Pudel und die Katholische Kirche. Unter den zahlreichen Auszeichnungen für seine ebenso zahlreichen Ehrenämter war er auf den päpstlichen Gregorius-Orden besonders stolz. Man kann das auf dem Grabmal nachlesen. Der „Ordine Equestre Pontificio di San Gregorio Magno" – der Päpstliche Ritterorden des heiligen Gregor des Großen – ist eine der höchsten Auszeichnungen, die vom Papst an Laien „für den Eifer in der Verteidigung der katholischen Religion" verliehen wird. Die Formulierung „für Verdienste" ist wörtlich zu nehmen, denn Jakob Mayer spendete neben seinem persönlichen Engagement erhebliche Summen – unter anderem zur Vollendung des Kölner Doms und zum Bau der Bochumer Marienkirche. Gemeinsam mit seiner Frau vermachte er sein beträchtliches Vermögen dem Bistum Paderborn. Damals waren das wohl 1.000.000 Reichsmark, was heute etwa acht Millionen Euro entspräche.

Das verlorene Marmortäfelchen stammt, wie gesagt, aus der Katakombe des Heiligen Calixtus. Erst 1852 hatte man die fast 20 Kilometer langen unterirdischen frühchristlichen Grabanlagen in Rom wiederentdeckt. Jakob Mayer erhielt die Reliquie schon zu Lebzeiten – wohl 1865/66 – als persönliches Geschenk

So sah es aus, das verlorene Marmortäfelchen aus den römischen Katakomben

von Papst Pius IX, der sein Amt von 1846 bis 1878 ausübte. Die Inschrift lautete frei übersetzt: „Ein Stück aus meinem geliebten Friedhof des Calixtus. Im 20. Jahr des Pontifikates des Papstes Pius IX." Auf Latein: „Fragmentum Lapidis e Callixti Coemeterio amoi. An XX Sacri principatus Pii IX. Pont Max."

Die mit Jakob wohl stets nachsichtige Ehefrau und Witwe Agnes Mayer (1812–1900) stiftete 1877 das imposante Familiengrabmal zur Erinnerung an ihren Mann und hatte die naheliegende Idee, das Ehrengeschenk als Reliquie dort zu präsentieren. Es ist heute ein Ehrengrab der Firma Krupp, die damit auch für die Pflege verantwortlich ist.

Für die Gestaltung gewann Agnes Mayer letztlich über die Baufirma Schulte-Oestrich & Lauffenberg den Künstler Wilhelm Gardy. Der war 1877 am reichen Skulpturenschmuck des Wiener Rathauses beteiligt, anschließend an dem des Düsseldorfer Ständehauses – dem heutigen K21. Über Arbeiten für den Bauunternehmer Maiweg aus Langendreer, der große Postgebäude in Münster und Bochum errichtete, erhielt Gardy Kontakt nach Bochum.

Die Mayer-Grabstätte besteht aus einer gotischen Spitzsäule mit einer Marmorbüste Jakob Mayers – schwer erkennbar am Revers der päpstliche Orden – begleitet von den Figuren der Hl. Maria und ihres Gatten des Joseph sowie den Schutzheiligen des Ehepaars Jacobus und Agnes. Der Aufbau des Grabmals fand viel Aufmerksamkeit in der Presse. Wilhelm Gardy wurde sicherlich auch dadurch bekannt und schuf in Bochum noch viele Werke. Darunter das Kriegerdenkmal in Langendreer, dass seit 1981 im Stadtarchiv steht und das Denkmal für Turnvater Jan im Stadtpark. Gardy gilt als der erste bildende Künstler, der in Bochum überregionalen Rang besaß.

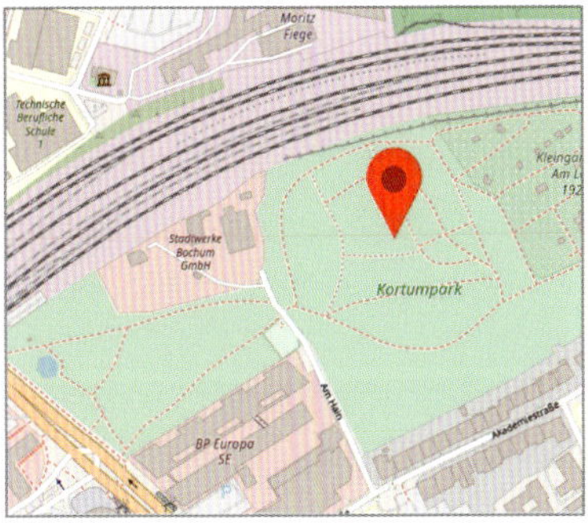

Am Hain 23,
44789 Bochum

04 | Innenstadt
Heimliche Kammerspiele

Von außen ist es eine Schule von 1954 mit angebauter Aula. Der zweite Blick fällt vielleicht auf eine Bronzeplakette „Als vorbildliches Bauwerk seiner Art ausgezeichnet 1945–1957". Erst wenn man hineinkommt und das raumgreifende Foyer mit seinen Kunstwerken sieht, kann man wirklich stutzig werden. Ganz schön großartig für eine Berufsschule! Die 2023 restaurierte Aula war von 1954 bis 1966 Kammerspiel- und Studiobühne des Schauspielhauses Bochum.

Dem Intendanten des Bochumer Schauspielhauses, Hans Schalla (1904–1983), erfüllte die Aula einen heimlichen Wunsch: Er wollte neben dem feierlichen Schauspielhaus eine experimentelle Studiobühne haben. Mit seiner konsequenten Modernisierung klassischer Werke in Studioaufführungen hatte er schon vor seiner Bochumer Zeit Aufsehen erregt. Der Andrang auf das Schauspielhaus war groß, eine zweite Bühne würde ihre Besucher finden. Allerdings hatte der Bau des Schauspielhauses 1952/53 Kritik an den vermeintlich hohen Kulturausgaben provoziert, da war es keine gute Idee, noch eine Spielstätte zu bauen.

So ist man dann auf die Idee gekommen, der sowieso zu bauenden Aula mit 450 Sitzplätzen ein üppiges Foyer mit Kasse, eine Bühne mit Schauspieltechnik sowie einen rückwärtigen Trakt mit Schauspieler-Garderoben anzufügen. Ein solches Theater nahm nur einen kleinen Teil der hohen Baukosten ein, der für den großen Komplex der „Städtischen Berufsschulen für Jungen" anstand. Am neu konzipierten Bahnhofsvorplatz gelegen, galt es hier die

1957 prämierte eine Kommission von Architekten die Berufsschulgruppe mit einer Plakette: „Als vorbildliches Bauwerk seiner Art ausgezeichnet 1945–1957".

In den Berufsschulgebäuden wirkten von 1954 bis 1966 die Bochumer Kammerspiele, hier rechts im Bild. Dort findet sich auch die Plakette.

Die Kammerspiele im denkmalgerecht renovierten Zustand 2023

höchsten Ansprüche an die Ausführung zu stellen. Der städtische Architekt Hans Knirsch (1923–1979) hat das mit eleganter Gestaltung bestens gelöst. Repräsentativ liegen hier hintereinander gestaffelte Baukörper in leicht abgestufter Höhenentwicklung ausgerichtet auf den Kurt-Schumacher-Platz vor dem Hauptbahnhof.

Der erste Berufsschulneubau der Stadt nach den Zweiten Weltkrieg galt als Pilotprojekt des Landes NRW für eine stark gefächerte und differenzierte Berufsschulerziehung. Der Schultyp war erst 1911 entstanden und bedurfte dringend der Weiterentwicklung, um international wettbewerbsfähige Fachkräfte zu qualifizieren. 1959 mündeten die inzwischen gesammelten Erfahrungen in einem Runderlass zu „Richtlinien für den Bau von Berufsschulen im Lande NRW". Sie setzten einen hohen, zukunftsweisenden Standard um. Zu einer der oft wiederholten Forderungen wurde es, wie in Bochum mit einer Kombination von Aula und Kammertheater die schulischen Einrichtungen über ihren Bildungsauftrag für die Jugend hinaus zu geistigen und kulturellen Zentren der gesamten Bürgerschaft zu machen. Der Wunsch Hans Schallas nach einer Studiobühne in den Berufsschulen machte also viel Sinn.

Am 2. April 1954 nahmen die Kammerspiele mit der Premiere der Komödie „Lionel, der Löwe" des Schweizers Claude Richard Stange (1913–1988) ihren erfolgreichen Betrieb auf. Der Schauspielhauschef Schalla führte selbst Regie und entwarf sogar das Bühnenbild. Es folgten bis 1966 rund 90 weitere Premieren, darunter Stücke von Jean Anouilh, Eugène Ionesco, Tennessee Williams oder Wolfgang Borchert. Auch Samuel Becketts „Warten auf Godot" war hier zu erleben. Dazu kamen, dem experimentellen Charakter des Hauses gemäß, viele heute vergessene Autoren. 1957 wurde das Programm durch das „Studio" ergänzt, in dem sich junge Absolventen von Schauspielschulen ihre ersten Meriten verdienen konnten.

Als 1966 in den neuen, an das Schauspielhaus direkt angefügten Kammerspielen aufgeführt werden konnte, wurde der Ostring aufgegeben. Das Haus diente von 1994 bis 2010 noch einmal dem Schauspiel. Der aus Bochum stammende bekannte Schauspieler Jochen Schroeder (geb. 1954) betrieb hier sein Boulevardtheater „Comödie". 2004 wurden die Berufsschulen unter Denkmalschutz gestellt, von 2019 bis 2022 wurde die deutlich heruntergekommene Kammerspiel-Aula zu altem Glanz gebracht und ist mittlerweile wieder ein gern besuchter Veranstaltungsraum.

Entzückend

Unter den 30 neuen Bochumer Schulgebäuden aus der Zeit von 1945 bis 1957 gibt es kaum ein Bauwerk ohne künstlerischen Schmuck, um die „die Kinderaugen zu entzücken". Für die Bochumer Berufsschulen wurden 1954 zwei Bochumer Künstler beauftragt.

Von Egon Becker (1909–1989) stammen die rein grafischen Farbfelder an der Rückwand des Foyers. Becker hatte einige Zeit am Bauhaus gelernt, wirkte ab 1945 als freischaffender Maler und Architekt in Bochum und vermittelte ab 1964 als Kunstpädagoge die Grundsätze des Bauhauses vielen Generationen seiner Schüler und Schülerinnen.

Ignatius Geitel (1913–1985) schuf das große Keramik-Relief an der Hauptfassade der Berufsschulen, die in abstrahierender, farbiger Darstellung Stahl- und Bergarbeiter zeigen. Im Kammerspiel-Foyer besticht sein Sgrafitto, dass in Bezug zur Berufsschulausbildung unterschiedliche Werkzeuge zeigt. Überliefert ist, dass dieses Glanzstück des Foyers am Tag vor der Eröffnung von der Decke stürzte – Geitel und Becker haben es dann in einer gemeinsamen Anstrengung über Nacht rechtzeitig wiederhergestellt. Geitel war eine bedeutende Künstlerpersönlichkeit im Ruhrgebiet und international anerkannt.

Kammerspiele 1961: „Warten auf Godot", Inszenierung Hans-Joachim Heyse

Die Berufsschulgebäude 1954 mit dem Keramikrelief von Ignatius Geitel

Ignatius Geitel, Sgraffito mit den Handwerkzeugen aus der Berufsschulung

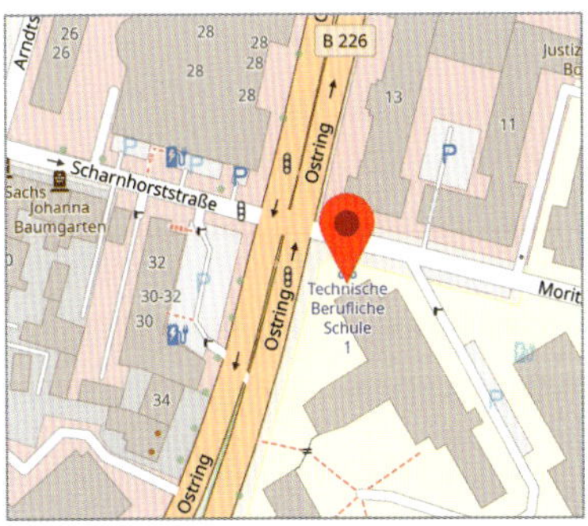

Ostring 25,
44787 Bochum

05 | Innenstadt
Kurven, die die Welt bedeuten

Der gewohnte Anblick des prominenten Hauses birgt unbekannte Botschaften. Elegant gerundet schwingt sich die Fassade dem Vorplatz entgegen. Im Gegenrund antwortet die hohe Front des Bühnenturms. Der einmal gefundene Schwung setzt sich in den Wandelgängen fort und findet seine Vollendung in den Kronleuchtern des oberen Foyers.

Mit einer Übertragung im Rundfunk und unter Anwesenheit der Kultusministerin sowie des Hamburger Bürgermeisters als Präsident des Deutschen Bühnenvereins feierte Bochum am 23. September 1953 die Eröffnung des ersten neu gebauten Theaters der Nachkriegszeit in der BRD.

Den einst ländlichen Stadtteil Ehrenfeld hatte ein Immobilienunternehmer um 1900 als Villenviertel erschlossen. Er initiierte dort 1907 den Bau eines Varieté-Theaters, das sich aber als Fehlspekulation erwies. 1915 folgte der Umbau zum neu gegründeten Bochumer Stadttheater. In den 1920er bis 1940er Jahren erlebte es unter der Leitung Saladin Schmitts eine erste künstlerische Blüte. 1944 wurde das Gebäude stark zerstört.

Mit dem Wiederaufbau des Schauspielhauses 1952 bis 1953 ging es dem Architekten Gerhard Graubner (1899–1970) selbstverständlich um eine neues und ansprechendes Aussehen des Gebäudes. Die Schwünge in Fassade und Bühnenturm symbolisieren aber auch eine damals sensationelle Neuerung: Technisch und konzeptionell wichtig wurde im Schauspielhaus, dass Graubner die Bühne leicht gerundet in den Zuschauerraum hineinreichen ließ und den feuerpolizeilich vorgeschriebenen eisernen Vorhang vor der Vorbühne, also am vordersten Rand

Elegant gerundet dem Vorplatz entgegen, im Gegenrund die Front des Bühnenturms

der Bühne, anordnete. Bis dahin hatte sich bei Feuersgefahr der eiserne Feuerschutz hinter der Vorbühne herabgesenkt. Was zur Folge hatte, dass die Vorbühne weder in Bochum noch sonst wo ausgeschmückt werden durfte, denn bei einem Brand sollten sich keine entflammten Dekorationsstücke so nahe bei den Zuschauern befinden. Mit Graubners Idee wurden Bühne und Vorbühne jetzt voll dekorierbar und bespielbar. Das Bühnengeschehen konnte weiter an die Zuschauer herangetragen werden und die Zuschauer konnten besser um die gerundete Bühne gruppiert werden. Graubner sprach, recht enthusiastisch, von einer „amphitheatralischen Verschmelzung des Zuschauerraumes mit der Bühne".

Und diese konzeptionelle Neuerung ist über die gerundete Form der Vorbühne und des Eisernen Vorhanges als konvexe Front des Bühnenhauses auch außen sichtbar. Die darauf antwortende konkave Form der Hauptfassade ergänzt das

Wie eine Blüte, die der Wand entspringt: die ersten Tulpenlampen der Republik

Schwung und Gegenschwung auf einer Broschüre des Schauspielhauses

Der Schwung der Wandelgänge im „heiteren Band“

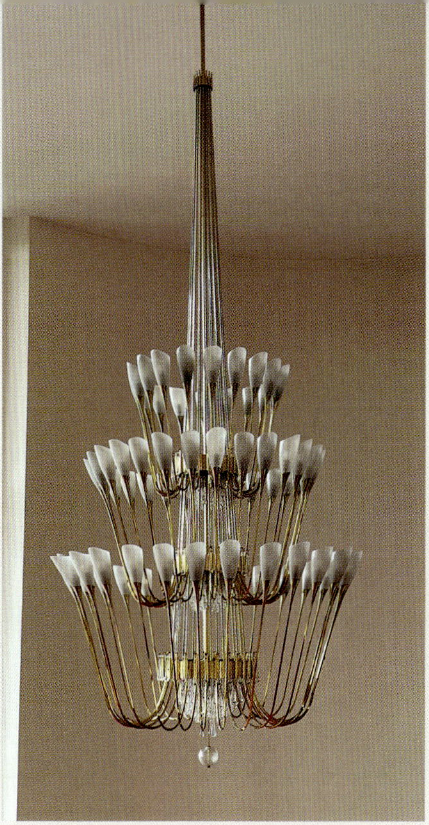

Die edlen Eltern aller Tulpenlampen strahlen im oberen Foyer des Schauspielhauses, bei Tag und bei Nacht.

Symbol des „Einmaligen und Originellen dieses Theaters". Ebenfalls fortgesetzt wird damit der Gedanke der „Verschmelzung der Bühne mit dem Zuschauerraum". Wie schon Zuschauerraum und Bühne wurden nun auch Stadt und Schauspielhaus miteinander „verschmolzen", wie es damals hieß. Das Gebäude umarmt durch die über sich hinausweisende, „einladende konkave Kurve der Front" nicht nur seinen Vorplatz, sondern Stadt und Welt.

Bei der Innengestaltung wird die geschwungene Form, die in der äußeren Architektur erst angedeutet ist, zum tragenden Gestaltungsmerkmal. Der Bereich zwischen Zuschauerraum und Außenmauer ist in zahlreiche gekurvte, „nierenförmige" Räume unterschiedlicher Größe unterteilt. Graubner wollte auf diese Weise eine Folge „kleiner Räume" zu einem „heiteren Band legen". Als verbindende Elemente der Räume wirken die Wand- und Deckenleuchten in floral geschwungener Form. Zum glanzvollen Höhepunkt geformt sind die beiden Kronleuchter des oberen Foyers. Hier ist erstmals die später verbreitete Form der „Tulpenlampe" entwickelt worden.

Wandbild Kohlenrevier mit bunter Welt der Kultur, Erich Rhein

Das Schauspielhaus-Restaurant im heutigen Oval Office, 1954

Festlich im Untergrund

„Theater Unten", „Zad-Eck", jetzt „Oval Office": Die kleine Bühne im Keller des Schauspielhauses trug schon viele Namen und ist beliebt. Vergessen ist, dass hier ursprünglich das Theater-Restaurant lag. Die Grundformen des Raumes und der Säulen sind auf den zweiten Blick noch erkennbar. Ausgestaltet war es mit einem großen Wandbild des renommierten Malers und Grafikers Erich Rhein (1902–1956) aus Hannover, der es mit seiner Frau gemalt, gerollt und getupft hatte. Dazu hieß es: „In großer Freiheit sollte die Geschichte des Bochumer Theaters den Stoff abgeben: Auf dem Hintergrund der düsteren Industrielandschaft des Kohlenreviers mit seinen Zechen, Fördertürmen und Schloten spielt die bunte bewegliche Welt der Bühne ihr farbfrohes und heiteres Spiel! Es ist das große Bilderbuch, in dem der Betrachter immer neue Schönheiten und Überraschungen des Inhalts, der Farbe und der Formgebung findet! Das Werk bezaubert auf den ersten Blick alle Besucher; es ist der gelungene große Wurf, der als solcher die Menschen überzeugt."

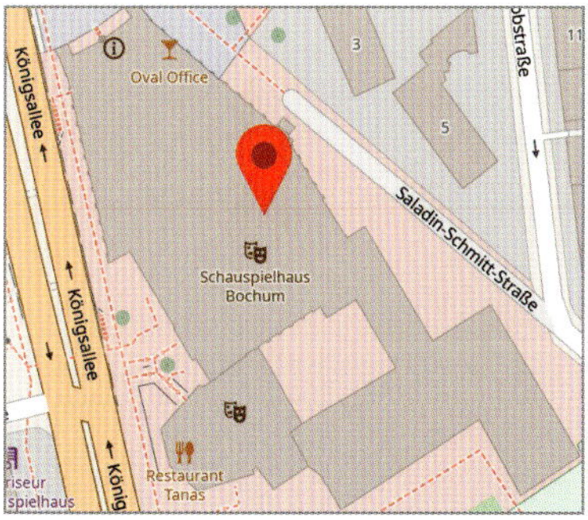

Königsallee 15,
44789 Bochum

06 | Innenstadt
Griff in die Geschichte

Das Union-Kino ist als großartiges Kino inmitten des Bermuda3Ecks eine stadtbekannte Instanz. Wer vor dem Film, danach oder ohne Kinobesuch ausgehen will, kann das in demselben Gebäude tun. Betritt man das „Mississippi", greift man unbewusst an ein Stück Geschichte, dass hier niemand vermutet. Die gut gestylten Türgriffe öffneten ab 1952 den Weg in die Sauna des legendären Stadtbades Bochum. Bevor es 1998 abgerissen wurde, durften Johannes Dittfeld und Hans Hanke das eine oder andere Nützliche aus dem Bad abschrauben und so kamen die Griffe an Dittfelds neue Kneipe. Die abwechslungsreiche Geschichte des Union-Hauses sei damit um diese Nuance ergänzt.

Worum geht's? Das Stadtbad Bochum war ein europäischer Wunderbau. Das Union-Kino hat seinen Namen aus der Gewerkschaftsbewegung der Nachkriegszeit und war ab 1949 ein zentraler Ort der Demokratie-Erziehung und ein deutsches Premierenkino. Ursprünglich erbaut wurde es 1925 für die renommierten Fahrzeug-Werke Lueg, weswegen dieser Name auch noch über dem Eingang prangt.

Die Fahrzeug-Werke Lueg wurden 1868 gegründet und sind heute eines der traditionsreichen Unternehmen Bochums. Die Firma stellte anfangs Kutschen aller Art in hoher Qualität her. Mit der Motorisierung richtete sich Lueg 1903 auf den Bau und Verkauf von Automobilen aus. Bereits 1914 wurde die Firma Partner des Autobauers Benz & Cie und blieb bis heute verbunden mit Mercedes-Benz und der Daimler AG. In den 1930er Jahren vertrat Lueg zusätzlich BMW. 1934 wurden bereits 150 PKW und 105 LKW 1934 verkauft. Um die Fahrzeuge an-

Gastronomie im Lueg-Haus: das „Mississippi"

Die Stadtbad-Griffe
im Stadtbad bis 1996

Die Stadtbad-Griffe
am heutigen Mississippi

Das Lueg-Haus kurz nach seiner Einweihung 1925.
Architekt Emil Pohle schuf Bochums erstes Hochhaus.

Die Verkaufsausstellung der Fahrzeug-Werke Lueg um 1927, heute Foyer des Union-Kinos

sprechend präsentieren zu können, gab Friedrich Oscar Lueg 1924 ein Bürohochhaus mit großer Ausstellungshalle in Auftrag. Architekt Emil Pohle schuf ein expressionistisches Klinkergebäude nach Vorbild der Hamburger Kontorhäuser. In der großen Halle im Erdgeschoss trug lediglich eine Säule die große Last des gesamten Gebäudes. Das siebengeschossige Haus war 1925 Bochums erstes Hochhaus und blieb das höchste Gebäude der Stadt bis zur Vollendung der Stadtwerke 1955. Das Gebäude brannte im Krieg aus, die Firma Lueg wechselte an die heutige Universitätsstraße.

Der Deutsche Gewerkschaftsbund zog in das Haus, stolz leuchtete die Schrift „Gewerkschaftshaus" an der Fassade. Im heutigen Mississippi unterhielt die gewerkschaftseigene „Bank für Gemeinwirtschaft" eine Filiale. Und die englischen Gewerkschaften – die „National Unions" – wurden Namenspaten für das raumgreifende Kino. Es wurde 1949 als großer Saal mit 1.200 Sitzplätzen angebaut. Der Saal war nicht nur für Betriebsratsversammlungen, sondern eben auch für Kino-, Konzert- und Theateraufführungen eingerichtet. Das Kino war 1949 das größte Nordrhein-Westfalens, aber schon 1950 wurde es von der Essener Lichtburg mit fast 1.700 Plätzen übertroffen. Ziel war es, im Sinne der alliierten Reeducation durch demokratische Bildung des nationalsozialistisch geprägten deutschen Bewusstseins „das kulturelle Niveau des Arbeiters, vor allem der deutschen Jugend zu heben". 1950 wurde die „Union-Bühne" mit dem Theaterstück „Der Mustergatte" mit Heinz Rühmann eröffnet. Es folgten Tourneetheater, Opern, Operetten und Shows mit vielen Stars. Darunter auch legendäre Rockkonzerte zum Beispiel mit Bill Haley.

Ab 1973 wurde der große, hohe Saal zu kleineren Sälen umgebaut, um gleichzeitig verschiedene Filme ins Programm nehmen zu können, im Jahr 2000 wurde nochmals modernisiert und das Mississippi entstand.

Und wie war das mit dem Stadtbad? „Es war in der Tat wie ein Märchen aus 1001 Nacht", schrieb Prof. Tarachara Rong aus Indien am 5. Mai 1953 in das Gästebuch des Stadtbades. „Diese Einrichtung ohne Vorbild verbindet Praxis und außergewöhnlich guten Geschmack in Architektur und Farbwahl." Das Bad sei das „größte Wunder Europas". So schwärmten Professoren, Architekten, Ingenieure, Trainer, Lehrer, Journalisten und Politiker aus aller Welt vom Bochumer Schwimmpalast. Das neue Bad im zerstörten Bochum wurde Ziel von Engländern, US-Amerikanern, Iren, Franzosen, Österreichern, Schweizern, Belgiern, Niederländern, Dänen, Portugiesen, Italienern und Griechen. Besuch kam sogar aus dem damaligen „Ostblock" und aus Übersee: aus Jugoslawien, Polen, Argentinien, Brasilien, Japan, Thailand, Taiwan, Indien, Marokko, Südafrika und Irak.

Stadtbad-Postkarte um 1959

Vergeblich gegen den Abriss (1988 bis 1997)

Die Neugier der Experten galt der Bädertechnik: Hier fanden sie erste Vorläufer einer elektronischen Zeitmessung. Nirgendwo waren Sportschwimmer schneller, denn spezielle Konstruktionen brachen die Wellen und erzeugten spiegelglatte Wasserflächen. Nirgendwo sonst haben die Schwimm-Asse ihre Technik effektiver verbessert, denn Unterwasserfenster ermöglichten eine genaue Beobachtung ihrer Bewegungsabläufe. Medienorientiert erleichterten Kamerakanzeln die Berichterstattung. Die Stadt Bochum ließ das Bad trotz einer treuen Anhängerschaft und reichlich Schulsport verkommen. Es wurde gemeinsam mit anderen städtischen Bädern 1988 geschlossen und 1997 abgerissen. Gegen diesen Abbau der sozialen Leistung erlebte Bochum schon 1987 große Demonstrationen mit mehreren tausend Teilnehmern und Teilnehmerinnen. Es war die größte öffentliche Protestbewegung seit den Bochumer Studentenunruhen um 1970. 1996 leitete die Initiative das erste Bürgerbegehren in einer Großstadt des Landes NRW ein. 24.000 Unterschriften brauchte das Bürgerbegehren, es wurden 44.000. In den Bochumer Kinos liefen Werbespots für den Bürgerwillen: „Entscheide an Stelle des Rates!". Auch im Union-Kino.

P.S.: An der Eingangstür des Café Tucholsky, Viktoriastraße 73, sind auch Stadtbadgriffe montiert.

Stadtbad-Griff am Café Tucholsky

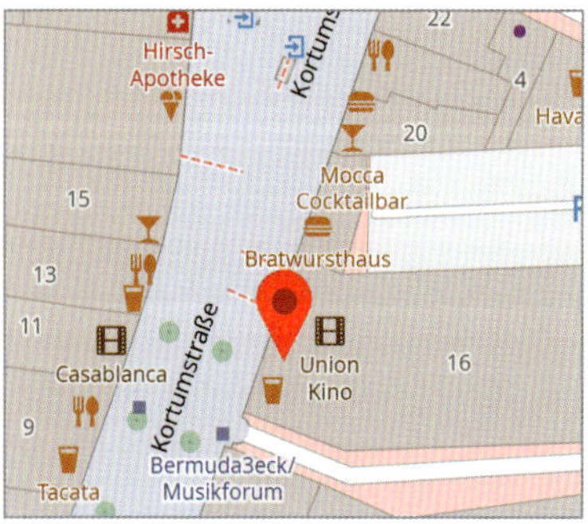

Kortumstraße 16,
44787 Bochum

07 | Innenstadt
Dom Polski

Es ist wirklich nicht das schönste Haus der Straße. Nur die Klingelschilder Am Kortländer 6 verweisen auf seine große Vergangenheit. Die Geschichte dieses „Dom Polski", dieses polnischen Hauses und die Geschichte seiner Nachbarhäuser ist in letzter Zeit schon mehrfach erzählt worden. Über seine vielversprechende Zukunft ist weniger bekannt.

Bochum war das Zentrum der Polenbewegung in Preußen, vor allem aber das Zentrum der im Ruhrgebiet lebenden Polen, der sogenannten „Ruhrpolen". Es waren nicht wenige: Zu Beginn des Ersten Weltkriegs lebten rund 500.000 Polen im Ruhrgebiet. In Polen und Deutschland war Bochum als „Bochumer Kaderschmiede" bekannt. Die Straße Am Kortländer galt als „polnischer Querschlag" und als „Klein Warschau". In den sechs Häusern Nr. 2 bis 12 saßen Vertretungen der polnischen Zeitungen, Gewerkschaften, Parteien, der Reichstagsfraktion, Bücherei- und Schulvereine und Banken. So bietet dann auch an der Giebelseite des Hauses Nr. 2 die stark verblasste Werbung für die polnische Arbeiterbank „Bank Robotnikow e. GmbH" den Auftakt des Zentrums.

Ab etwa 1880 begann sich die polnische Bewohnerschaft Deutschlands ohne Systematik und örtlich beschränkt zu formieren. Auslöser waren seelsorgerische Initiativen des deutschen Klerus. Ab 1891 wurden die Gruppen durch die polnischsprachige, katholische Tageszeitung „Wiarus Polski" – „Polnischer Knappe" – in Verbindung gebracht. In einem zweiten Schritt begannen polnische Aktivisten kirchlich unabhängige, überregionale politische Organisationen und Vereine zu bilden. So sind in Bochum 1894 der „Bund der Polen in Deutschland" und 1902

Bitte eintreten:
„Bund der Polen
in Deutschland“

Die alte Pracht
ist im Laufe
der Zeit sehr
reduziert worden.
„Dom Polski“ um
1910 und 2013

die „Polnisch gewerkschaftliche Vereinigung" gegründet worden. Viel Einfluss hatte auch der 1904 gegründete „Bund polnisch-katholischer Vereine für gegenseitigen Hilfe in Westfalen, Rheinland und in den benachbarten Provinzen mit Sitz in Bochum", der 1914 rund 170 Vereine mit 18.500 Mitgliedern koordinierte. Alle Aktivitäten der Polen wurden von staatlicher und kirchlicher Seite misstrauisch beobachtet, weil vermutet wurde, dass sie auf die Wiedererrichtung des annektierten polnischen Staates hinarbeiten. Der entstand dann 1918 nach dem Ersten Weltkrieg tatsächlich neu, viele Polen siedelten dorthin über. In der Weimarer Republik gründeten die in Deutschland verbliebenen Polen 1922 den „Bund der Polen". Er wurde die bedeutendste polnische Organisation in der Zwischenkriegszeit. Zeitweise saßen Vertreter der polnischen Minderheit in 283 Kommunalparlamenten.

Die steigende Zahl regionaler sowie überregionaler Organisationen benötigte Räume. Darum wurde 1905 ein Baukomitee „Komitet Budowy Domu Polskiego" in Bochum gegründet. Das kaufte in den Jahren danach die Häuser 2 bis 12 in der Klosterstraße auf – heute Am Kortländer. Bis 1939 hatte hier dann das organisatorische Zentrum der Ruhrpolen seinen Platz. Im Nationalsozialismus wurden die Organisationen aufgelöst, geplündert und enteignet. Es gibt Gerüchte, dass im Hof des Hauses Nr. 6 Erschießungen stattfanden. Funktionäre und Mitglieder des Bundes der Polen in Deutschland wurden verhaftet und in die Konzentrationslager gebracht. Viele von ihnen sind dort umgekommen.

Nach dem Krieg wurde das Haus Nr. 6 an den „Bund der Polen in Deutschland" zurückgegeben und diente ab 1947 als dessen Bundeszentrale. Unter der Bezeichnung „Dom Polski" erhielt es unter den Polen und Polinnen in Deutschland und Polen seinen guten Ruf zurück. Angeblich sind von hier aus politische Aktionen in Polen unterstützt worden. So sollen im Haus Flugblätter für die Gewerkschaft Solidarność gedruckt worden sein. Aus der Streikbewegung dieser Gewerkschaft entstand in Polen 1989 bekanntlich die politische Wende.

Das „Dom Polski" stand also schon immer im staatlichen Interesse Polens und Deutschlands. Das hat sich nicht geändert, sondern wird sogar wieder verstärkt. Mit der Wiedervereinigung Deutschlands kam es zwischen Deutschland und Polen 1991 zum Vertrag über gute Nachbarschaft und freundschaftliche Zusammenarbeit „in dem Bestreben, die leidvollen Kapitel der Vergangenheit abzuschließen und entschlossen, an die guten Traditionen und das freundschaftliche Zusammenleben in der jahrhundertelangen Geschichte Deutschlands und Polens anzuknüpfen".

Vereinbart wurde eine Unterstützung der Polen in Deutschland und der deutschen Minderheit in Polen bei der Pflege ihrer Kultur und Sprache. Das ist in Polen bislang besser umgesetzt worden als in Deutschland. Eine Asymmetrie, die immer wieder für zwischenstaatliche Diskussionen sorgt. 2011 wurde immerhin zwischen Polen und Deutschland die Gründung der Dokumentationsstelle „Porta Polonica" zur Kultur und Geschichte der Polen in Deutschland vereinbart. Sie erforscht und dokumentiert seit 2013 in der Form eines Internetportals die polnisch-deutsche Geschichte. Als Standort dieser Dokumentationsstelle hat man sich für Bochum, für das traditionsreiche Haus „Dom Polski" entschieden. Das Haus wird derzeit mit Mitteln der Bundesrepublik Deutschland und der NRW-Stiftung saniert und nach Abschluss der Arbeiten die Geschäftsstelle von „Porta Polonica" beherbergen. Ziel: Das „Polnische Haus" als Haus der offenen Tür, als lebendiger Ort der Begegnung von Polen und Deutschen.

Am Kortländer 2, die ehemalige polnische Arbeiterbank um 1910 und 2023

Am Kortländer

Nr.	Einrichtung
2	Arbeiterbank-Bank Robotnikow
4	Zjednoczenie Zawodowe Polskie – Polnische Gewerkschaftsvereinigung
6	Kasa Depozytowa Bank Handlowy eGmbH – Filiale der Handelsbank
6	Komitet Wykonawczy - Das ausführende Komitee
6	Polski Związku Polaków w Niemczech „Rodło" – Bund der Polen in Deutschland
6	Narodowa Partia Robotnicza – Nationale Arbeiterpartei
6	Centrala bibliiotek ludowych – Zentrale der Volksbüchereien
6	Sekretariat Towarzystw Szkolnych – Sekretariat der Schulvereine
8 + 10	Redaktion der Druckerei „Wiarus Polski" und das Soziale Büro der Reichstagsfraktion
12	Abteilung Bergbau der Polnischen Gewerkschaft ZZP

Am Kortländer 2-12 und ihre Nutzung von etwa 1905 bis 1939, Tabelle: Natalie Wernicka: Hausarbeit Kunstgeschichte Ruhr-Universität, Bochum 2015

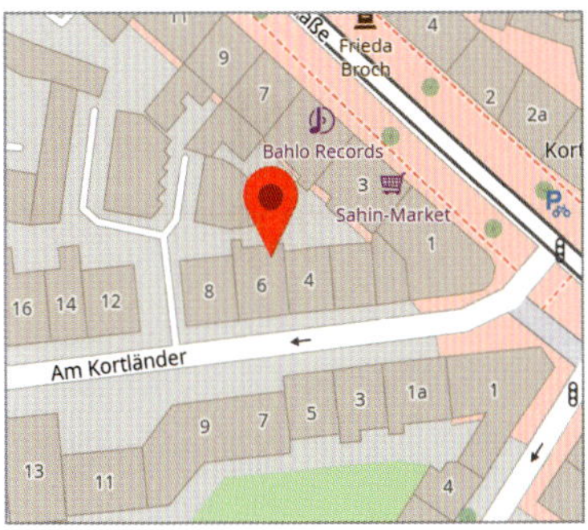

Am Kortländer 6,
44787 Bochum

08 | Innenstadt
Mosaik der Erinnerung

Die alte Prachtvilla, in dem das städtische Kunstmuseum seinen Sitz hat, füllt den Platz am Eingang des Villenviertels eigentlich völlig ausreichend. Aber das ging schon mal besser. Hier erhob sich von 1904 bis um 1946 ein Kaiser-Denkmal, dessen letzte hübschen Reste im Pflaster erhalten sind. Weiß umrandet hat hier ein Mosaikkünstler mit den Farben des 1871 bis 1918 bestehenden Deutschen Kaiserreiches gespielt. Ein kleines Dreieck zeigt die damalige Landesflagge in Schwarz-Weiß-Rot, umrahmt vom „Gold"-Gelb der Kaiser-Standarte. Darüber findet sich eine Rosette mit acht Feldern als zierende Ergänzung und Übergang zu den früheren Blumenbeeten auf dem eigentlichen Platz. Mit einem weiteren Blick wird man auch die verfüllten Setzlöcher der ehemaligen Schmuckpfosten in der Umrandung um die Wiese entdecken können.

Als das Stadtpark-Viertel ab 1880 ganz allmählich Form annahm, wurde dieses Grundstück als „Denkmalplatz" ausersehen. 1897 hatten die wohlhabenden Teile der Bürgerschaft Geld für die Anschaffung eines Kaiser-Denkmals gesammelt und den Düsseldorfer Bildhauer Clemens Buscher (1855–1916) mit der Ausführung beauftragt. Dargestellt werden sollte Wilhelm I. (1797–1888) als epochaler Urheber des 1871 gegründeten Deutschen Reiches. Thema der verwirklichten Figurengruppe wurde die Barbarossa-Sage: Eine geflügelte Walküre in Kleid und Kettenhemd weckte mit ermutigend erhobenem Streitspieß und Schild den im Kyffhäuser schlafenden Kaiser Barbarossa, um ihn auf den neuen Kaiser Wilhelm I. und das endlich neu erstandene Reich aufmerksam zu machen. Und tatsächlich

Oft betreten, wenig beachtet: das kunstvolle Bodenmosaik am Goetheplatz

Goetheplatz mit Denkmal und Villen um 1915

Kaiser-Wilhelm-Denkmal, Clemens Buscher 1904

hob Barbarossa bewundernd sein müdes Haupt. In lässiger Haltung, aber vollem Ornat, nahm Wilhelm die Huldigung entgegen und blickt wohlwollend auf die Stadt Bochum. Eine Inschrift auf dem Sockel nannte ihn „Wilhelm der Grosse". Die Figuren waren mit drei Metern wirklich groß, insgesamt erhob sich das Denkmal in eine Höhe von fast acht Metern. Doch auch Größe ist kein Garant für Dauerhaftigkeit, im Gegenteil: 1940 wurden Walküre und Barbarossa Teil der „Metallspende des deutschen Volkes zum Geburtstag des Führers", also zu Rüstungszwecken eingeschmolzen. Der Rest des Denkmals wurde um 1946 abgeräumt.

Wie damals üblich, musste der Kaiser persönlich die Genehmigung für ein Denkmal geben, das seiner Verwandtschaft gewidmet war. Für das Bochumer Exemplar war er erst auf den zweiten Blick zu gewinnen. Aber am 2. April 1904 konnte endlich die feierliche Enthüllung stattfinden. Sicherlich war nicht die gesamte Bürgerschaft von diesem Denkmal begeistert. Denn Wilhelm I. war nicht nur als „der Grosse" bekannt, sondern auch als der „Kartätschenprinz". Während der Märzrevolution 1848 hatte er sich als Prinz für ein gewaltsames Vorgehen gegen die Demonstranten ausgesprochen. 1849 ließ er als Oberbefehlshaber die Revolutionen in der Pfalz und in Baden blutig niederschlagen. In seine letzten Regierungsjahre fällt das berüchtigte „Gesetz gegen die gemeingefährlichen Bestrebungen der Sozialdemokratie", das von 1878 bis 1890 in Kraft war. Es war also recht eindeutig ein Denkmal der reichen Gesellschaft im vornehmen Stadtparkviertel. Inmitten der Villen, die den heutigen Goetheplatz umstanden, konnte und kann man das deutlich erkennen. Beachtenswert ist, dass die größte Villa, das heutige Kunstmuseum, von vorneherein als Rückwand des Kaiserdenkmals konzipiert war. Denn ohne eine wirkungssteigernde Platzwand hätte das Erinnerungswerk etwas verloren in der Landschaft gestanden.

Hier taten sich einer der Denkmal-Initiatoren, der Bauunternehmer, Bergwerksdirektor, Fabrikant und Stadtrat Louis Rosenstein (1852–1913) und der Rechtsanwalt Justizrat Dr. Ernst Marckhoff (1864–1912) zusammen. Sie bauten und bewohnten ab 1900 die raumgreifende Doppelvilla. Gemeinsam waren die beiden lange Zeit erfolgreich, bis sie 1913 die Pleite ihres „Rheinisch-Westfälischen Zementsyndikates" ereilte. Rosensteins verarmten, im Gegensatz zur besser situierten Familie Marckhoff. Über einige Zwischenbesitzer kam die gesamte Villa nach 1945 in das Eigentum von Mia Marckhoff (1895–1947), der Tochter des Justizrates. Sie war eine bemerkenswerte Frau, vermögend und wird als außergewöhnlich großzügig und kinderlieb geschildert. Ihren Bediensteten schenkte sie Siedlungshäuser und kleidete die Kinder jährlich neu ein. Sie vererbte ihr

Vermögen 1947 der Katholischen Kirche, bestimmte aber testamentarisch, dass aus ihrem Vermögen das Studium der Kinder ihrer Angestellten zu bezahlen sei. Zudem erhielt die Stadt Bochum 125.000 RM zur Förderung von Kunst und Wissenschaft, Vorrang sollte dem Bau einer Konzerthalle eingeräumt werden. All das ist aber nicht umgesetzt worden – vielleicht, weil die Währungsreform altes Vermögen schmelzen ließ.

Die Villa Marckhoff-Rosenstein wurde 1960 Bochums Kunstmuseum, das 1983 eine umfangreiche Erweiterung erfuhr. Auf der Wiese vor der Villa sitzen nun „Fünf Bildhauer", geschaffen von Johannes Brus (1942). Die bewusst „roh" belassene Figurengruppe verweigert sich einer heroischen Darstellung. Schön. Aber: So wenig, wie sich die jetzige Figurengruppe Bildhauerinnen widmet, so wenig ist Mia Marckhoff in Erinnerung. Alles vergessen, wie auch die Walküre, die ihre beiden Männer zur Aufmerksamkeit ermutigte. Geblieben ist ein Mosaik von Erinnerungen.

Maria (Mia) Marckhoff in ihrem Arbeitszimmer um 1935

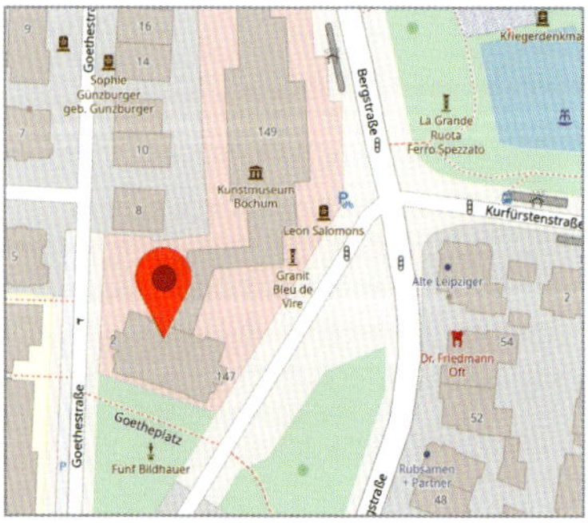

Kortumstraße 147,
44787 Bochum

09 | Innenstadt
Der Bogen

Die KoFabrik ist ein offenes Gebäude – mit Gittern. In den Fenstergittern seitlich des Haupteingangs führen U-förmige Muster ein unbeachtetes Dasein. Sie schlagen einen weiten Bogen durch die Geschichte dieses Ortes. Will man in dieser vielfältigen Geschichte einen gemeinsamen Nenner finden, wäre das wohl die Geschichte des Widerstands: Widerstand gegen die Gefahren des Bergbaus, gegen die Hochkultur, gegen die Armut, gegen gängige Arbeitsformen.

Es begann 1851. Rechtsanwalt Egmont Heintzmann, Banker Karl Korte sowie Gerichtsrat Moritz Bölling gründeten ein Unternehmen, das für den aufstrebenden Bergbau hochwertige Gusswaren und Maschinen herstellte. Mit 63 Arbeitern, einer Dampfmaschine von 12 PS, drei Schmelzöfen, zehn Hobel-, Bohr- und Drehbänken fing man an. 1874 übernahm die Familie Heintzmann das gesamte Unternehmen, die weiblichen und männlichen Mitglieder führen die Firma bis heute erfolgreich. Die Heintzmanns stammten ursprünglich aus dem Harz und waren schon seit Generationen dem dortigem Bergbau und Hüttenbetrieb eng verbunden gewesen. Zuwanderung zahlte sich für Bochum schon immer aus.

1930 wurde dann ein bis heute entscheidendes Jahr für die Produktion des Werks. Hintergrund war das Verbot des U-Boot-Baus für die Deutschen nach dem Ersten Weltkrieg. Auf der Suche nach einem neuen Betätigungsfeld verfolgte der ehemalige Werftdirektor und U-Boot-Konstrukteur Heinrich Toussaint eine Idee: Seine Konstruktionen, die dem extremen Unterwasserdruck auf die U-Boote

Die Bochumer KoFabrik: Ort der Kultur, Gastronomie und des kooperativen Arbeitens

Logo Firma Heintzmann 2023

Fenstergitter mit dem Querschnitt durch das seit 1930 wichtigste Produkt der Firma Heintzmann, den „Gleitbogen aus TH-Profilen“

standgehalten hatten, müssten auch gegen den Gebirgsdruck im Kohleabbau hilfreich sein. Heinrich Toussaint und Egmont Heintzmann entwickelten aus diesem Gedanken heraus den mit ihren Initialen getauften „Gleitbogen aus TH-Profilen". Mit den auch als „Heintzmann-Bögen" bekannten Stützen konnte man Streb und Strecke unter Tag sicher ausbauen, denn sie passten sich schadlos und stabil den unvermeidlichen Gebirgsbewegungen an. Damit wurde der Ausbau für untertägige Bauwerke europaweit regelrecht revolutioniert und der Verkauf der Bögen entsprechend erfolgreich. Das gilt bis heute. Der Querschnitt dieser Bögen wurde zum Logo der Firma.

Heintzmann gab Anfang der 1970er Jahre den Firmenstandort an der Stühmeyerstraße auf und zog in die Bessemer Straße. Die Stadt Bochum sah 1975 die Gelegenheit gekommen, in den leeren Hallen endlich ein großes Jugendzentrum in der Innenstadt anbieten zu können. Unter dem Arbeitstitel „Bochumer Regenbogen" wurde es nach den Vorbildern der „Fabrik Hamburg" und einem Utrechter Projekt Wirklichkeit. Das Konzept eines von der Jugend selbst verwalteten Zentrums scheiterte allerdings, denn es galten einengende Vorgaben des Jugendamts und Nachbarn klagten über Lärm. Auch in einer geänderten Organisation als ein städtisches Haus der offenen Tür (HOT) fühlten sich die Jugendlichen bevormundet, blieben fern und das HOT wurde mangels Interesse geschlossen. Wegen einer Renovierung des Schauspielhauses funktionierte man den Gebäudekomplex ab 1979 zum provisorischen Spielort für das Bochumer Schauspielhaus um. Die Nutzungsverträge des Schauspielhauses für die „BO-Fabrik" liefen aber schon zum 31. Dezember 1981 aus und die Stadt kündigte den Abriss der Anlagen an.

Passend im Anschluss zur Theateraufführung „Die Hausbesetzer" blieben am 11. Dezember 1981 einige hundert Zuschauer in der Aufführungshalle und besetzten die „BO-Fabrik". Mit größtem Engagement und guter Organisation belebten die Besetzer die Hallen kulturell und politisch. Einer der Höhepunkte war sicherlich das Konzert von „Ton, Steine, Scherben" am 18. Januar 1982. Mit Liedern wie „Keine Macht für Niemand" und „Macht kaputt, was euch kaputt macht" schufen Rio Reiser und seine Band in den 1970er Jahren Hymnen für die linke Jugend und die Hausbesetzer-Szene.

Die Bochumer Besetzer brachten ihre Erfahrung und Begeisterung aus vorherigen Besetzungen mit. 1981 hatten sie nacheinander schon die Alte Mensa an der Ruhr-Universität sowie die Hallen an der Hermannshöhe und der Universitätsstraße als Kulturzentrum umzunutzen versucht. Vergeblich, stets wurden sie

Die Räumung der Bo-Fabrik 1982

Die Heintzmann-Verwaltung um 1910

unter Einsatz der Polizei vertrieben. So kam es auch in der „Bo-Fabrik". Sie wurde am 10. Februar 1982 unter massivem Polizeieinsatz geräumt, die Besetzer abgeführt und der Gebäudekomplex umgehend abgerissen. Dennoch haben die Besetzer bzw. die Zentrumsbewegung die Jugendpolitik in Bochum nachhaltig verändert. In der Folge entstanden 1986 das von der Stadt finanzierte, aber autonome Kulturzentrum im „Bahnhof Langendreer", 1988 der selbstverwaltete „Bochumer Kulturrat" in Gerthe und ab 1981 bis 1991 in Wiemelhausen das privat und öffentlich betriebene Kulturzentrum „Prinzregent".

Das Hallen-Gelände Heintzmann/„BO-Fabrik" wurde dem Nutzen der Allgemeinheit durch ein deutlich andere Idee zugeführt. Es entstand 1984 bis 1985 eine attraktive Anlage mit Sozialwohnungen der gemeinnützigen THS, der Treuhandstelle für Bergmannswohnstätten, nach einem Entwurf des THS-Architekten R. Diersch.

Die historische Heintzmann-Verwaltung blieb erhalten, sie stammt aus dem Jahr 1900 und war nach starken Kriegsschäden 1947 wieder hergestellt worden. Ab den 1980er Jahren diente sie lange dem Jugendamt. Es folgten im Erdgeschoss in den 2000er Jahren Nutzungen für obdachlose Menschen durch „Bodo e.V." und die Suppenküche. Die oberen Etagen standen ab 2010 leer.

2017 widmete sich die „Montag-Stiftung Urbane Räume" dem Gebäude. Die Bonner Stiftungsgruppe hat sich darauf spezialisiert, ungenutzte Immobilien in benachteiligten Stadtteilen gemeinnützigen Nachbarschaftsinitiativen zur Verfügung zu stellen. Niedrige Mieten erlauben kleinen Vereinen, im Stadtteil Fuß zu fassen. Jegliche Einnahmeüberschüsse fließen zurück in wohltätige Projekte. Die 2018 gestartete Bochumer KoFabrik hat sich zu einem beliebten Ort der Kultur, Gastronomie und des kooperativen Arbeitens entwickelt. Der Querschnitt durch die Heintzmann-Bögen in den Gittern erinnert an alle die Geschichten im Haus der KoFabrik.

PS: In Wiemelhausen steht der Malakowturm „Julius Philipp" von 1877, das heutige Medizinhistorische Museum der Ruhr-Universität Bochum. Der Turm ist nach Julius Philipp Heintzmann (1745–1794) benannt, der im 18. Jahrhundert königlich-preußischer Bergrat und größter Zechenbesitzer im Ruhrgebiet war. Er war an 65 von damals rund 140 Bergwerken beteiligt.

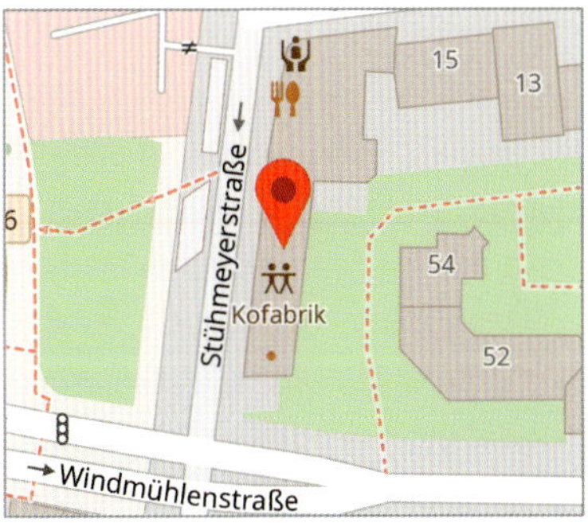

Stühmeyerstraße 33,
44787 Bochum

10 | Innenstadt
Vom Weltuntergang

„Sehr geehrter Herr Landesvater Rau! Vor der früheren Bochumer Bergschule steht das Denkmal von Dr. Hugo Schultz, welches mein Vater geschaffen hat." Die Sorge der Tochter um dieses Standbild machte 1991 auf einen Künstler aufmerksam, dessen Auswanderung nach Australien vielleicht deshalb so bezeichnend ist, weil sie unbekannt blieb und keine Erfolgsgeschichte wurde.

Den Bildhauer Gustav Michael Pillig (1877–1956) kennt kein deutsches Nachschlagewerk. Alan McCullochs Encyclopedia of Australian Art verweist auf nur zwei Werke und berichtete 1958 und 1994 nicht mehr, als dass der deutsche Bildhauer und Maler 1913 nach Australien gekommen sei und von 1930 bis 1940 eine bekannte Persönlichkeit in Melbourne war.

Gustav Pillig entschied sich unter schwierigen Umständen für eine Künstlerkarriere, studierte etwa ab 1893 an der Kunstakademie in Düsseldorf, an der Technischen Hochschule in Stockholm, an der Akademie in Berlin und schließlich 1905 bis 1907 wieder in Düsseldorf. 1910 wechselte er nach Berlin, wo er die Philosophen Carl Huter (1861–1912) und Otto Spengler (1880–1936) kennenlernte, deren Endzeittheorien großen Einfluss auf ihn nahmen. 1913 emigrierte nach Australien. Er soll 1913 fest an einen nahen, katastrophalen Krieg geglaubt haben, vor dem er sich nach Australien zurückziehen wollte. Seine Familie ließ er zurück.

Zwischen 1897 und 1909 schuf Pillig zahlreiche Werke, darunter die Gruft der Familie Kirdorf in Aachen-Burscheid. 1908 entstand das Denkmal für Hugo Schultz (1838–1904). Der Politiker und Jurist lehrte ab 1868 bis zu seinem Tod

Denkmal für Hugo Schultz vor der TFH Georg Agricola, 1908 rechts signiert von Gustav Pillig.

Pillig mit Schultz-Denkmal in seinem Atelier um 1907.

an der Bochumer Bergschule. Unter Schultzes Leitung entwickelte sich die Bildungsstätte zu einem weltweit anerkannten Fach- und Forschungsinstitut. Aus der Bergschule gingen die heutige FH Georg Agricola sowie das Deutsche Bergbau-Museum hervor.

In Australien wurde Pillig mit der Ausmalung des Kinopalastes „Hoyt's Theatre de Luxe" in Melbourne aus der Zeit um 1920 bekannt, die in den 1990er Jahren restauriert wurde. Pillig schuf dort schätzungsweise 14 Wandgemälde von circa 3 x 6 Meter Größe. Das scheint Pilligs größter Auftrag in den ersten 19 Jahren seines Lebens in Australien gewesen zu sein. Heute ist das Kino unter dem Namen „Plaza Ballroom" ein Event-Center.

Pillig hatte Ausstellungen in Brisbane, Melbourne und Sydney. Zu seinem Unglück kamen seine Skulpturen in Sydney abhanden. Dieser Verlust traf ihn so tief, dass er sich fast gänzlich von der Bildhauerei verabschiedete und auf die Malerei zu verlegte. Seinen Lebensunterhalt bestritt er unter anderem durch die Anfertigung von Gipsfiguren für Möbelhandlungen. Erst in den dreißiger Jahren wird Pillig ein bekannterer Künstler. Ölgemälde, Aquarelle, Stiche, Radierungen, Skulpturen, Plaketten, Bücherstützen von Pilligs Hand sind in Ausstellungskatalogen bis 1938 verzeichnet, die aber auch oft den handschriftlichen Vermerk tragen: „Nichts verkauft". Die Kritik zeigte sich wenig begeistert von Pilligs Kunst: „Gustav Pillig ist ein begabter Bildhauer deutscher Herkunft. Unglücklicherweise kann man über seine Bilder nur wenig Vorteilhaftes sagen. ... Er lebt seit 20 Jahren in Australien, aber sein Aussehen und seine Technik sind immer noch deutsch."

1932 erinnerte Pillig vor deutschstämmigen Australiern an seine Heimat: „In Köln ist von Weihnachten bis Ostern Karneval. ... Wir Deutschen müssen unser Bier haben, es geht nicht ohne. ... Wir müssen 72 Stunden pro Woche arbeiten." Die Kaiserzeiten seien glanzvollen Zeiten gewesen. Während des großen Bergarbeiterstreikes 1889 habe er das erste Mal von den Sozialdemokraten gehört und sie für Teufel gehalten. Die Deutschen würden niemals kommunistisch werden, niemals würden sie „russianized". Vor dem Hintergrund solcher Erinnerungen wurde Pillig dann ein Befürworter der Nationalsozialisten. Im November 1933 stellte er ein Porträt aus, das in der Presse durchgehend Befremden hervorrief: „Bemerkenswert ist das Bild eines grimmig aussehenden Mannes, betitelt Adolf Hitler." Das von Pillig nach einer Fotografie gefertigte Bild bot er in deutschsprachigen Inseraten als Serienprodukt an.

Pillig – das ist wohl klar geworden – schaute pessimistisch auf die Welt, was 1932 in seinem berühmtesten australischen Werk gipfelte, der „Symphony of Life".

Er thematisierte darin den Aufstieg der christlichen Kultur aus der untergehenden Antike zu ihrem vermeintlichen Höhepunkt in der Gotik sowie den dann folgenden Abstieg und das nahe Ende der modernen Zivilisation. Das etwa fünf Meter breite Diorama zeigte rund 300 kleine bronzierte Tonfiguren vor einem Triptychon mit etwa 1.000 gemalten Figuren, die aus einer Höhle kamen und in einer anderen Höhle verschwanden. Pillig wollte mit dieser Komposition Oswald Spenglers 1918/22 erschienenes Werk „Der Untergang des Abendlandes" fantasievoll umsetzen. Weil die erhoffte Anerkennung ausblieb, zerstörte er sein Werk 1940.

Im Alter von 79 Jahren starb Pillig in Melbourne, wo er auch begraben wurde. In Australien sind bis heute zahlreiche Werke Pilligs zu guten Preisen im Handel. Als Schlusswort mag gelten, was ein Kritiker der Zeitung „The Star" bereits 1934 schrieb: „Wenn das Ende des Abendlandes kommt, sagt nicht, G.M. Pillig hätte Euch nicht gewarnt."

Melbourne „Hoyt's Theatre de Luxe", Gustav Pillig um 1920, als Ballroom 2020.

Herner Str. 45,
44787 Bochum

11 | Altenbochum
Der alte Seebär

Hier lauert das Abenteuer. Zumindest sind hier Erinnerungen daran verankert, man kann es an der Fassade ablesen. Inhaber dieser ehemaligen Wirtschaft war Fritz Bruch (1854–1937). Bevor er Wirt wurde, führte er ein abenteuerliches Leben. Mit 15 Jahren machte er sich heimlich auf nach Rotterdam und heuerte als Schiffsjunge auf einem alten Dampfer an, der schon bei Bruchs erster Fahrt in Frankreich strandete. Die Wege führten ihn 1869 bis 1894 angeblich zu allen fünf Erdteilen und über sämtliche Meere – auch als Schiffbrüchiger 16 Tage auf einem Floß – namentlich nach Japan, China, auf die Philippinen, nach Tasmanien, Australien und in die USA. Er verdingte sich als Goldgräber, Farmarbeiter, Holzfäller, Eisenbahnarbeiter, Walfischfänger und als Matrose der deutschen und nordamerikanischen Marine.

Bruchs gefährlichstes Abenteuer war wohl die Fahrt mit der USS Rodgers 1881. Anlass war die Suche nach dem am Nordpol verschollenen Schiff „Jeannette", das eigentlich selbst auf Hilfsexpedition ausgeschickt worden war, um den Polarforscher Adolf Erik Nordenskiöld (1832–1901) zu finden. Der war1878 aufgebrochen, um einen nördlichen Seeweg auf einer Route von England nach Japan zu erkunden. Nordenskiöld bewältigte die Route, aber die „Jeannette" ging unter, die Mannschaft starb im Eis. Das wussten Fritz Bruch und seine Schiffskameraden nicht, als sie unterwegs waren. Für das Schiff waren bewusst Freiwillige ausgewählt worden, weil es bis zu den nördlichsten Breitengraden durch schwere Stürme, eisige Kälte und bedrohliches Packeis gehen sollte. Die Retter

Das Haus mit den Ankern, die ehemalige Gaststätte Fritz Bruch

mussten jung und fit sein, Zimmern und Segelmachen beherrschen sowie ein Instrument spielen können. Fritz Bruch blies die Mundharmonika. Auf dem Schiff mit seinen 15 Matrosen sah es dann aus „wie in einer kleinen Arche. Wir hatten etwa 50 Hunde, fünf lebende Ochsen und eine muntere Kuh an Bord. Fünf Zentner Heu waren das Henkersmahl für unsere vierbeinigen Begleiter aus der Familie Rindvieh," berichtete Bruch 1931.

Die Fahrt führte vor die Küste Sibiriens zur Wrangelinsel. Dieser sehr mühseligen Rodgers-Expedition und ihrer Suche nach den Verschollenen ist die genauere Beschreibung des heute russischen Eilands zu verdanken. Es ist 150 km lang und bis zu 80 km breit und bietet Mensch und Tier einen sicheren Ort inmitten der Gletscherlandschaft. Die Insel ist heute das nördlichste Weltnaturerbe. Da sich Fritz Bruch als talentierter Kundschafter und Kartograf entpuppte, wurde ihm zu Ehren im Nordosten der Wrangelinsel eine schmale Halbinsel „Bruch-Spitze" getauft. Die ist aber mittlerweile wohl umbenannt oder weggespült worden. Während einer anschließenden Ruhezeit in der damaligen „Lawrence-Bay" bei

Neschkan, Russland, brannte die USS Rodgers völlig aus. Die einheimischen Tschuktschen – ein heute durch den Klimawandel gefährdetes Volk – nahmen sich der Schiffbrüchigen gastfreundlich an.

Große öffentliche Anerkennung bekam Bruch 1888 als Vermessungshelfer beim Bau einer der berühmten und technisch aufsehenerregenden Kabelbahnen in San Francisco, der heute denkmalgeschützten Powell-Line. Er wurde Betriebsleiter der Bahn, heiratete und wurde Vater von zwei Kindern.

Zwischen all seinen Erlebnissen war Bruch 1874 und 1875 wieder nach Bochum zurückgekommen. Nach seiner endgültigen Heimkehr 1893 übernahm er die Gaststätte seiner Eltern, die ihre „Schankwirtschaft" seit 1868 betrieben. Die Fassade des Gebäudes wurde nun mit Ankern ausgeschmückt, erhielt angeblich zeitweise den Namen „Zur Deutschen Flotte" und wies so werbewirksam auf die Abenteuerfahrten des Gastwirts hin. Belegen konnte Bruch seine Reisen mit einem 300 Seiten starken „Schiffs-Tagebuch", wie er dem Bochumer Anzeiger am 27. Juni 1931 erzählte. Überwiegend war sein Haus unter dem Namen Fritz Bruch bekannt, ab 1937 lange als Gaststätte Carl Höhn.

Alles aus dem berühmten Leben: der Anker für die Seefahrt, das Rad für die Kabelbahn in San Francisco, der Flügelhelm vom Hermannsdenkmal für die nationale Gesinnung des Wirtes

1925 besuchte Fritz noch einmal für ein halbes Jahr Süd- und Nordamerika, blieb aber dann in Bochum. Er starb 1937. Die Straße „Bruchspitze" in Altenbochum wurde kurz nach seinem Tode nach ihm benannt. Auch im brasilianischen Blumenau erinnert eine „Road Fritz Bruch" an ihn. Dass er mit seiner Geschichte in Bochum berühmt wurde, ist nachvollziehbar. Erstaunlich ist dahingegen, was am 7. Juni 1934 im „Bochumer Anzeiger" zu lesen war: Seinen 80. Geburtstag beachtete auch die Presse in Shanghai, Kalifornien, Brasilien. Ein amerikanisches Nachrichtenbüro mit Sitz in Berlin „teilte Bruch mit, dass es seine Lebensgeschichte in hundert ausländischen Zeitungen veröffentlichen werde." Fritz Bruch, der alte Seebär, ist eine Weltberühmtheit geworden.

Als Abenteurer 1881 und um 1930 als beliebter Wirt in Altenbochum

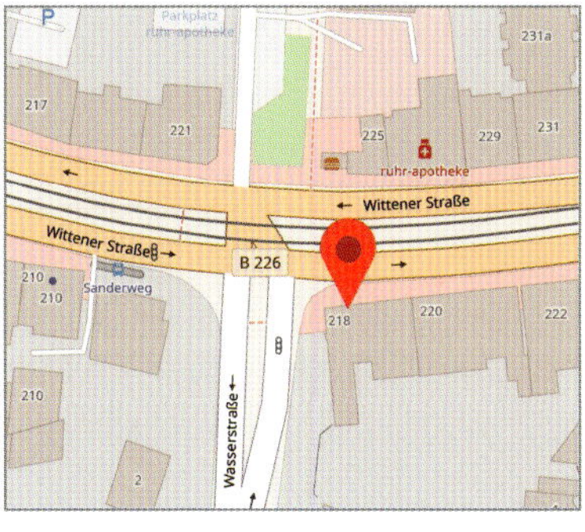

Wittener Str. 218,
44803 Bochum

12 | Altenbochum
Herz und Krone

Das Haus fällt auf. Es wirkt wie eine wuchtig-kantige Krone, die auf einem schmalen farbigen Kissen ruht. Seit 2023 zur Bibliothek umgebaut, ist es nun Herz und Wahrzeichen des „Fritz Bauer Forums – Zentrum für Menschenrechte" nebst der zugehörigen „Buxus-Stiftung". Hier wächst ein internationaler Ort für Forschung, Bildung, Kunst und Austausch zum Thema Widerstand.

Das Bibliotheksgebäude steht im Mittelpunkt eines Gesamtensembles von Räumlichkeiten. Hier entstehen nach dem Entwurf des Architektenteams um Rainer Tönnes (planplus GmbH) seit 2023 bis 2025 ein großer Seminarraum für Veranstaltungen, ein Archiv, Büros für die Buxus-Stiftung. Dazu kommt ein Café. Außerdem sind Ateliers und Forschungsräume geplant, in die Residenz-Forschende aus aller Welt eingeladen werden sollen, deren Existenz politischen Risiken ausgesetzt ist. Alles wird von einem Garten umgeben sein.

Das Fritz Bauer Forum wirkt aktiv für die Rechte von Opfern und Überlebenden von Menschenrechtsverletzungen, für die Erforschung und geschichtliche Auseinandersetzung mit Menschenrechtsverletzungen, gegen Rassismus, Antisemitismus und Nationalismus. Hier finden besondere Veranstaltungen statt, hier ist Raum für Recherchen, hier sind Leseplätze. Das Forum will ein Handeln stärken, das sich an den Menschenrechten orientiert.

Der Sozialdemokrat Fritz Bauer (1903–1968) war ein deutscher Jurist. Als Generalstaatsanwalt von 1956 bis 1968 half er bei der Entführung des Nazi-Verbrechers Adolf Eichmann nach Israel. Vor allem aber bewirkte er die positive Neubewertung der Hitler-Attentäter vom 20. Juli 1944 und führte 1963 bis

Die signalhaft kantige Architektur der Bibliothek scheint für Widerstand zu stehen.

Entwurf für den kontemplativen Ort der Forschung, Bildung, Kunst und des Austausches zum Thema Widerstand

Außen- und Innenansicht der Trauerhalle, 1975

1965 die Frankfurter Auschwitzprozesse. Die Prozesse waren die erste juristische Auseinandersetzung in der BRD mit den NS-Verbrechen und initiierten das Ende der Verdrängung der NS-Geschichte Deutschlands.

Das Thema Widerstand ist ein verborgener Teil des Namens der Buxus-Stiftung. Gemeint ist die Widerstandskraft und das sehr harte Holz des Buchsbaumes, auch Buxus genannt. Widerstandskraft und Härte scheint sich auch in der kantigen Architektur der Bibliothek wiederzufinden. „Diese Ambivalenz aus filigraner Leichtigkeit und Schwere, das ist symbolhaft für unser Anliegen", sagt Irmtrud Wojak, Historikerin und Gründerin des Fritz Bauer Forums und der zugehörigen Buxus-Stiftung.

Bald wird niemand mehr wissen, dass die Bibliothek ursprünglich eine Trauerhalle war. Sie wurde 1973/74 vom Architekten Ferdinand Keilmann (1907–1979) entworfen. Er studierte zwischen 1924 und 1933 zunächst in Offenbach, dann in Weimar an der Staatlichen Bauhochschule, der Nachfolgeeinrichtung des Bauhauses. Seit 1932 NSDAP-Mitglied, war er an verschiedenen Bauaufgaben des NS-Reiches beteiligt. Unter anderem wirkte er für den gigantischen neuen Südbahnhof Berlins, das in Welthauptstadt „Germania" umbenannt werden sollte. Im Laufe des Zweiten Weltkrieges wich diese Bauaufgabe einer bescheideneren, nämlich der Entwicklung von Behelfsheimen für das zerstörte Land. Entnazifiziert kam er 1950 als Architekt in das Hochbauamt der Stadt Bochum. Keilmann hat als Architekt im Hochbauamt der Stadt Bochum zwischen 1950 und 1972 einen erheblichen Beitrag zum Stadtbild geleistet.

Der Entwurf für die farbige Bleiverglasung im Erdgeschoss stammt von Egon Becker (1910–1989). Selbst ein Schüler am berühmten Bauhaus, gehört er zu einer national beachteten Gruppe von Kunstschaffenden. Sein Werk ist in mehreren Bochumer Gebäuden, Bauten der 1950er und 1960er Jahre im Ruhrgebiet, im Bauhaus Weimar, im Kunstmuseum Bochum und in privaten Sammlungen zu finden. Seit 1949 bis in die Gegenwart ist sein Name in den Standardnachschlagwerken zur Kunst vertreten. Als Kunstpädagoge hat er eine Generation von Schülern und Schülerinnen beeinflusst.

Die außergewöhnliche Architektur der Trauerhalle wurde 2015 als denkmalwert anerkannt. In dieser Zeit ungenutzt, war ihre Zukunft ungewiss, bis sich die Buxus-Stiftung für sie interessierte. Der Ort passt durch die gegensätzlichen Lebensgeschichten des Architekten und des Künstlers sowie durch seine sprechende Architektur sehr gut zum Anliegen des Fritz Bauer Forums. Eine ideale Nutzung mit einem gerade in der Gegenwart sehr wichtigen gesellschaftlichen Anliegen ist gefunden!

Die Buxus-Bibliothek und ehemalige Trauerhalle

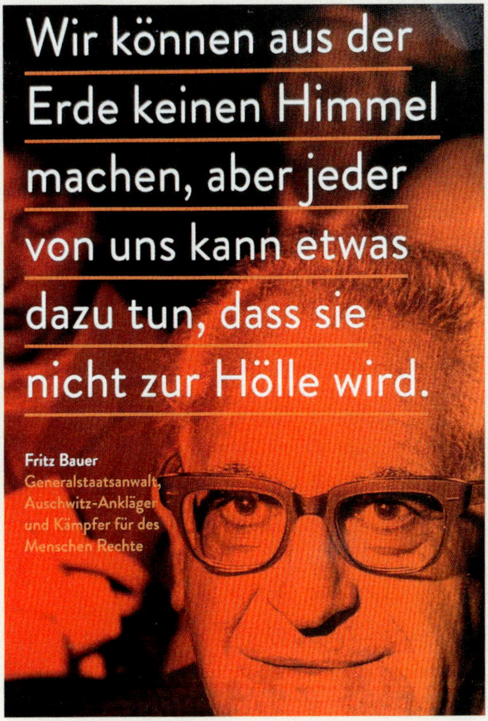

Motiv und Motivation der Buxus-Stiftung

Feldmark 107,
44803 Bochum

13 | Ehrenfeld
Arme Edith

Vor der grünen Kulisse eines altehrwürdigen Schrebergartens steht eine Säule. Es ist das kleinste Kriegsdenkmal in Bochum, wenn nicht in Nordrhein-Westfalen. Schon das ist auf den ersten Blick merkwürdig genug. Bei genauer Betrachtung der minimalistischen Bronzeplakette kann man aber unter den Namen der zwölf männlichen Schrebergärtner, die 1914 bis 1918 im Ersten Weltkrieg ums Leben kamen, die etwas gepresste Zeile „Edith Wienicke.Ruhrbes.1-6-1923" entdecken. Der Name einer Frau ist nach augenblicklichem Stand des Wissens auf keinem anderen der vielen Gedenkorte für die Weltkriege in NRW zu finden. Laut der Widmung des Denkmals starb auch Edith „für das Vaterland" – fünf Jahre nach dem Ende des Krieges. Auch das macht stutzig. Was war passiert?

Deutschland verlor 1918 bekanntlich den Ersten Weltkrieg. Der hatte im Westen überwiegend auf französischem und belgischem Boden stattgefunden und zu ungeheuren Kriegsschäden und Verwüstungen geführt. Zur Wiederherstellung der Länder, zur Absicherung gegen eine erneute Aufrüstung Deutschlands und in geringem Umfang zur eigenen Bereicherung wurden im Versailler Vertrag sehr hohe Reparationsleistungen von der Weimarer Republik gefordert. Als diese wegen der in Deutschland ebenfalls schwierigen wirtschaftlichen Lage nicht erfüllt wurden, besetzten französische und belgische Truppen das Ruhrgebiet vom Januar 1923 bis August 1925. Es kam zu staatlich unterstütztem Widerstand, der durch die Initiative einzelner Gruppen eskalierte und zu vielen bewaffneten Auseinandersetzungen mit vielen Toten führte.

Das kleinste Denkmal in Bochum und Umgebung

Gedenkfeier im Schrebergarten Ehrenfeld

Am Sonntag vormittag fand im Schrebergarten Ehrenfeld die Enthüllung eines Gedenksteines für die gefallenen Mitglieder statt. Wir berichteten darüber in der Montagsnummer.

Der Gedenkbrunnen, 1930

Harmlos wirkt, dass die Besatzer damals zahlreiche Fahrzeuge beschlagnahmten. Allerdings waren die französischen Fahrer wohl wenig rücksichtsvoll unterwegs. Überliefert ist in einer Chronik der Ereignisse, dass im März 1923 ein 13-jähriges Mädchen und im Juni ein 70 Jahre alter Rentner von französisch gesteuerten Autos überfahren wurden und starben. Und dann ist dort zu lesen: „Besetzungschronik 1923. Am 1. Juni: Durch einen Lastwagen der Besatzung wurde an der Kortum- und Bongardstraßen-Ecke die Angestellte Wienecke aus Bochum getötet und die Angestellte Anna Gortat aus Altenbochum verletzt." Die tragischen Verkehrsunfälle galten in Bochum als Mord durch Franzosen. Ein Vergleich mit einem Jahr ohne Besatzung zeigt allerdings, dass es sich leider um „normales" Verkehrsgeschehen handelte: 1928 ereigneten sich in Bochum rund 1.100 Verkehrsunfälle, bei denen 26 Personen getötet und 640 verletzt wurden. Unter den Toten waren zehn Kinder unter 14 Jahren. Niemand sah das als Verbrechen an. Nur die Verkehrstoten zur Besatzungszeit passten als „französische

Der letzte Name auf der Tafel erinnert an Edith Wienecke.

Morde" in das politische Kalkül. Darum kam auch mal eine Frau – nämlich Edith – auf ein Denkmal. Ehrendes Gedenken geht anders.

Nach Zeitungsmeldungen starb Edith Wienicke (1901–1923) 22-jährig. Sie war Bürogehilfin und lebte im Ehrenfeld an der Clemensstraße 29 bei ihren Eltern, dem Reichsbahnobersekretär Paul Wienicke (1866–1929) und Marie Wienicke (1868–1943). Auf das Denkmal des Schrebergartenvereins Bochum-Ehrenfeld kam ihr Name sicherlich, weil Edith Mitglied im Verein war. Zudem war der Gründer dieses „1. Bochumer Schrebergartenvereins Bochum-Ehrenfeld" im Jahr 1908 der Steuer-Supernumerar Hermann Wienicke. Der Beamtenanwärter im Finanzamt wird ein Verwandter der Toten gewesen sein und vielleicht darauf gedrängt haben, dass seine Angehörige im Gedenken berücksichtigt wurde.

Das Denkmal selbst erscheint durch seine bescheidenen Ausmaße sympathisch. Der Entwurf stammte vom Bochumer Architekten und zeitweiligen Stadtbaumeister Walter Kreuzer (1889–1981), die Kosten waren von einem Mitglied des Schrebergartenvereins gespendet worden. Zur Einweihung am Sonntag, den 7. September 1930 wurde das Denkmal so beschrieben: Es sei ein „Gedenkbrunnen" entstanden, „der eine Zierde der Gartenanlage bildet. Neben dem aus Sandstein angefertigten Brunnen ziert eine Säule mit einer erzernen Tafel die Anlage." Die alte und die neue Reichsflagge, eine Bochumer Fahne und Blumenschmuck umrahmten die Gedenkstätte bei der pompösen Einweihung. Der Gedenkort war ursprünglich also größer, aber nicht monumental. Ziel war wohl eher ein beiläufiges Erinnern auf dem Weg zu Gartenarbeit und Gartenfreude.

Das Erinnern an die Toten im Ersten Weltkrieg und während der Ruhr-Besetzung war persönlich sicherlich schmerzhaft und zornig. Der Zorn steigerte sich mit den Jahren und wurde politisch erneut missbraucht. Immer wieder führte man die Opfer der Ruhr-Besetzung missbräuchlich vor Augen. In der NS-Zeit wurde die Ruhr-Besetzung ein Teil der erlogenen Rechtfertigungen, den Zweiten Weltkrieg zu beginnen. Ediths tödlicher Unfall wurde damit zum zweiten Mal missbraucht. Dessen sollten wir in der Gegenwart gedenken. Arme Edith.

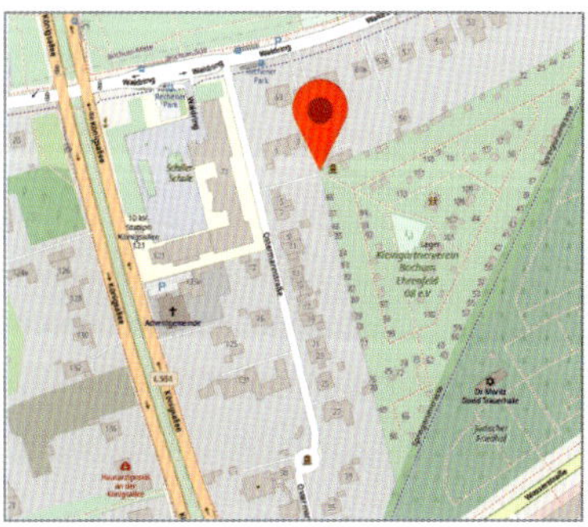

Kleingärtnerverein
Bochum Ehrenfeld 08 e.V.
Ostermannstraße 3A,
44789 Bochum

14 | Ehrenfeld
Wild sollt Ihr leben

Es ist auf den ersten Blick offensichtlich, dass der Park verwildert ist. Interessant ist, dass die Wildnis System hat.

Die Jahre um 1910 brachten Bochums Stadtbild erhebliche Verbesserungen. In dieser Zeit entwickelte sich die Stadt zu einer Großstadt. Von 1909 bis 1919 war der äußerst talentierte Regierungsbaumeister Franz Knipping (1875–1966) Bochums Stadtbaurat. Unter seiner Leitung wurde das Bochumer Baudezernat erstmals konsequent auf die Anforderungen einer Großstadt ausgerichtet. Er holte niemand Geringeren als den einflussreichen Stadtplaner Josef Stübben (1845–1936) als Berater nach Bochum, um die gesamtstädtische Planung zu unterstützen. Für die Gestaltung der Grünflächen sicherte sich Knipping 1911 die Dienste des erfahrenen Gartenarchitekten Ferdinand Tutenberg (1874–1956), der später durch seinen Volkspark in Hamburg-Altona berühmt werden sollte. Tutenberg blieb zwar nur zwei Jahre als Garteninspektor in Bochum, sein Einfluss war aber wirkungsvoll: „Die Verschönerung der Stadt hatte unter der Hand des Gartenbaudirektors Tutenberg außerordentliche Fortschritte gemacht. Öde Plätze wurden mit Grün und Busch und Baum geschmückt." Tutenberg gestaltete den alten Friedhof als „Kortumpark" um und überplante mehrere Stadtplätze. Sein Hauptwerk in Bochum ist jedoch der Rechener Park, auch bekannt als „Südpark". Dieser Park entstand aus dem vollständig verwilderten und dem Untergang geweihten Rechener Busch und sollte als Gegenstück zum Bochumer Stadtpark dienen. Nur anders.

Tutenberg war von der Reformbewegung der Jahrhundertwende beeinflusst, die naturnahe öffentliche Grünanlagen schaffen wollte, um die ungesunden Le-

Eine verwunschene Treppenanlage im Rechener Park

Der Bach rauscht schon lange nicht mehr, aber die schöne Brücke trägt noch.

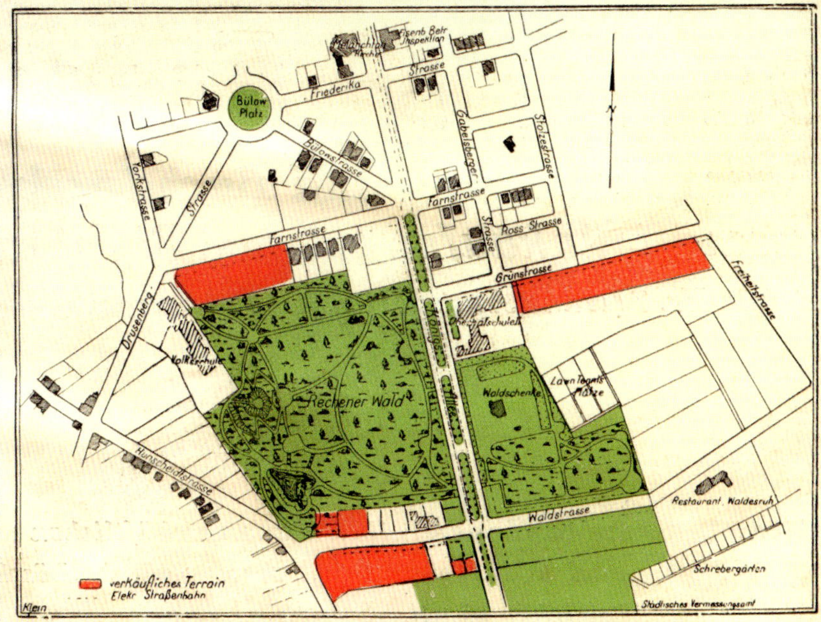

Gelände am Rechener Wald.

Steinbruch und Teich sind auf der Karte des Rechener Waldparks von 1916 gut erkennbar.

bensbedingungen in den dicht besiedelten Großstädten zu verbessern. Er gilt als bedeutender Vertreter der Waldparkbewegung in Deutschland. Tutenberg schrieb: „Der Waldpark zeigt nicht das gepflegte zierliche Aussehen städtischer Parks mit ihren künstlichen Gartenbildern und kurz geschorenen Rasenflächen, in denen das Publikum sich fein manierlich auf den Wegen ergeht und ein blumenfröhliches Kind beim Brechen einer Blume den Parkwächter fürchten muss; im Waldpark kann sich vielmehr das Volk auf der Wiese tummeln, Sport und Spiel treiben oder sich im Schatten der Bäume lagern und das Naturleben in vollen Zügen genießen."

Auf alten Postkarten ist seine gelungene Kombination von Baumbestand und blühenden Gewächsen gut erkennbar. Es gab einen Teich und sogar einen beachtlichen Wasserfall. Eine hölzerne Brücke überspannte den damals noch kräftig fließenden Bach, der im südwestlichen Teil eine Teichlandschaft bildete. Der Eingang an der Königsallee wurde von einer steinernen Pergola eingerahmt. Ein Steinbruch an der Südwestseite erhielt eine Abgrenzungsmauer, dort gab es eine Schutzhütte. Sitzgelegenheiten waren im gesamten Park verteilt. In den 1930er Jahren wurde der Rechener Park umgestaltet, ohne dabei seinen Charakter zu verlieren.

Einst naturnah angelegter Teich im Waldpark

Heute finden sich immer noch reizvolle Überreste dieser Parkanlage: Eine Bruchsteinbrücke der 1930er Jahre quert den wasserarmen, einst rauschenden Bach. Verwunschene Treppenanlagen werden plötzlich sichtbar, und eine Aussichtsplattform bietet einen erfreulichen Blick auf die Königsallee. Die Bäume sind geblieben und gewachsen und werden in der vom Klimawandel geprägten Zukunft wertvollen Schatten und bessere Luft bieten. Die Möglichkeiten zum Tummeln und Erleben der Natur haben sich ebenfalls erweitert. Der Rechener Park ist ein „verwilderter" Park aus der Kaiserzeit mit einem Konzept, das auch heute noch wegweisend ist.

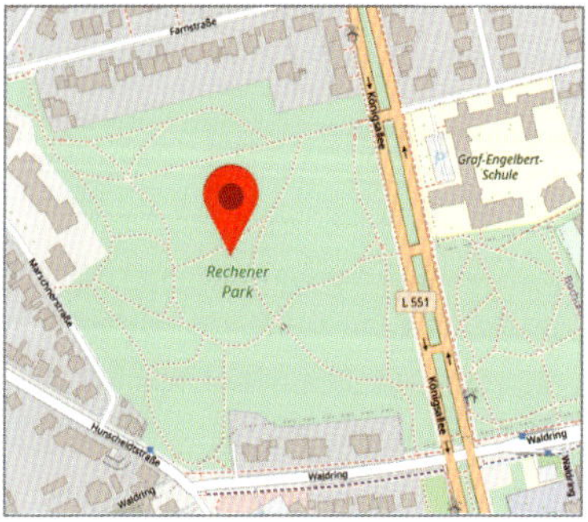

Rechener Park,
44789 Bochum

15 | Ehrenfeld
Der gute und der böse Löwe

Er liegt beherrschend an Bochums Prachtstraße, der Königsallee, meist im Zwielicht. Seit 1928 brüllt das Raubtier mit dem Pfeil in der Seite gegen Frankreich und das Ergebnis des Ersten Weltkriegs. Der Löwe ist stadtweit bekannt. Sein unbekannter kleiner und versöhnlicher Kollege kann in der Nähe besucht werden.

Fangen wir mit dem bösen Löwen an: Er steht für den Bochumer Unmut über die Stellung Deutschlands in der Welt und die Besetzung des Ruhrgebiets. Der stimmgewaltige König der Tiere ist ein Symbol für das untergegangene allzu stolze Kaiserreich und das Leid, dass dem Reich angeblich unverdient im Ersten Weltkrieg und danach im Versailler Vertrag widerfahren ist.

Geschaffen hat das Tier und seinen Sockel der Künstler Willy Meller (1887–1974), der ein nicht untypisches Lebenswerk in Zeiten der Weimarer Republik, des NS-Staats und der Bundesrepublik Deutschland aufzuweisen hat. Einen gewissen Bekanntheitsgrad erlangte er durch seine Arbeit am Olympiastadion in Berlin 1935 und an der NS-Ordensburg „Vogelsang" 1936 bis 1938. Seine Auftragslage in Bochum war schon vorher recht gut, wie der Löwe von 1928 beweist. An der ehemaligen Abnahmezentrale des Bochumer Vereins an der Alleestraße steht seine 1935 errichtete Gedenksäule für den Erfinder des Stahlformgusses Jacob Mayer mit der Plastik eines „Stahlformgießers" als „Soldat der Arbeit". Im gleichen Jahr begrüßten „Führer und Gefolgschaft des Bochumer Vereins" – damals ein nationalsozialistischer Musterbetrieb – ihr neues Denkmal aus Mellers Hand: Ein 13 Meter hohes Schwert mit der Inschrift „Der Gott, der Eisen wachsen ließ, der wollte keine Knechte". In Bochum ist auch sein „Schaffender

Das Löwendenkmal an der Königsallee 2023, eine Mahnung zur friedlichen Verständigung unter den Völkern

Spannende Informationen in moderner Form am Löwendenkmal, konzipiert von der Schiller-Schule

Das Löwendenkmal 1928, dem Jahr seiner Erstellung mit der rachegetränkten Botschaft „im Geiste unbesiegt"

Mensch" – bekannt als „Eickhoff-Mann" – von 1939 erhalten. Im Auftrag der Deutschen Bundespost erstellte er 1962 in Bochum an der ehemaligen Hauptpost Wittener Straße ein Relief mit Hermesfigur an der Fassade und ein Relief in der Schalterhalle. Meller konnte also trotz seiner engen Kontakte zum nationalsozialistischen Regime nach dem Zweiten Weltkrieg relativ uneingeschränkt als Künstler weiterarbeiten. In den 1960er Jahren erhielt Meller in Oberhausen sogar den Auftrag für ein Mahnmal zur Erinnerung an die Frauen und Männer des Widerstands gegen die Nazidiktatur, deren künstlerischer Propagandist er viele Jahre gewesen war.

Sein Bochumer Löwe blickt angeblich rachestiftend in Richtung des „Erbfeindes" Frankreich. Tatsächlich blickt er in Richtung Niederlande. Meller vollendete ihn mitsamt der Inschrift „Der Überzahl erlegen, im Geiste unbesiegt". Finanziert wurde dieses Denkmal durch eine Sammlung des „Kyffhäuserbundes", einer seit 1900 bestehenden nationalistischen Vereinigung ehemaliger Soldaten, die 1928 drei Millionen Mitglieder hatte. In der Folge wurde das Löwendenkmal an vielen Gedenktagen Treffpunkt des Bundes und seiner Sympathisanten. So auch bei der deutschlandweiten „Kundgebung gegen die Kriegsschuldlüge" am 3. Februar 1929. Originalton: „Das ganze deutsche Volk ist sich einig darin, dass zu Unrecht Deutschland das Schuldbekenntnis im Versailler Zwangsdiktat abgepresst worden ist, dass andere Mächte auf der Gegenseite weit mehr Schuld an dem Unglück trifft, das Europa betroffen hat." In der Folge und leider bis in die Gegenwart blieb der Löwe Treffpunkt revanchistischer und rechtsgerichteter Menschen.

Aber es gab und gibt Widerstand gegen den Ungeist, der da laut wurde. Traditionell wird der drohende Charakter des Ortes Jahr für Jahr durch „Abi-Streiche" konterkariert. Am Volkstrauertag 1983 meißelten linke Jugendorganisationen und Gewerkschaftsaktivisten einen Teil der Inschrift des Denkmals heraus. 1990 entschloss sich die Schülervertretung der benachbarten Schiller-Schule dazu, den Löwen nicht weiter unkommentiert stehen zu lassen und ließ eine Tafel mit der Inschrift anbringen: „Dieses Denkmal – errichtet 1928 zur Verherrlichung des Heldentodes und des Krieges – ist uns heute Mahnung zur friedlichen Verständigung unter den Völkern." Um 2021 verwandelte eine weitere Initiative des Schiller-Gymnasiums das bedrohliche Schweigen des Löwen mit Bänken, Bildern, Texten und digital abrufbaren Informationen in eine lehrreiche Wissensvermittlung.

Ein guter Geist kommt aus dem Gymnasium hinter dem Löwen. Schon in seiner eleganten Ziegelstein-Architektur von 1929 verweigert es sich dem heroischen Naturstein-Stil des Löwendenkmals. Die Schule entstand im Auftrag der Stadt

Der versöhnliche und ermutigende Löwe
an der Aula der Schiller-Schule

Bochum nach einem Entwurf des Stadtbaumeisters Theodor Sohm als Realgymnasium für Mädchen. 1942 bis 1943 machte die NSDAP die Schule zu ihrem Verwaltungssitz. Die Eingangshalle wurde für repräsentative Parteizwecke monumentaler gestaltet. 1943 zerstörten Bomben das Gebäude zum Teil. 1945 bis 1952 diente die Schule als Hauptsitz der ARAL AG. Erst 1952 wurde das Gebäude als Schiller-Schule wiederhergestellt. Eine Ergänzung der zuvor stimmigen Front durch Glasvorbauten erfolgte 2003.

Wie tröstlich, dass ein kleiner und versöhnliche Kollege des bösen Löwen das alles überstanden hat. Wenige Meter vom Löwendenkmal entfernt, an der Stirnwand der Aula, zum Waldring orientiert, ist eine relativ kleine Steinskulptur angebracht. Sie zeigt eine Frau, die ein großes Tuch wie ein Segel über Rücken und Kopf zieht. Das Tuch wird vom Wind wie ein Segel aufgebläht, die Frau schaut suchend in die Ferne. Sie steht auf einem katzenhaft kleinen, freundlichen Löwen! Das symbolträchtige Kunstwerk, dessen Urheber leider unbekannt ist, sollte 1929 die Schülerinnen sicherlich ermutigen: Denn das im Winde wehende Tuch steht symbolisch für das ungewisse Schicksal, dem die Mädchen unverzagt entgegensehen können – wenn sie es mutig wie ein Löwe betrachten. Dieser Botschaft und diesem Auftrag des guten Löwen und seiner Freundin ist die Schule in ihrem Umgang mit dem bösen Löwen vollkommen gerecht geworden.

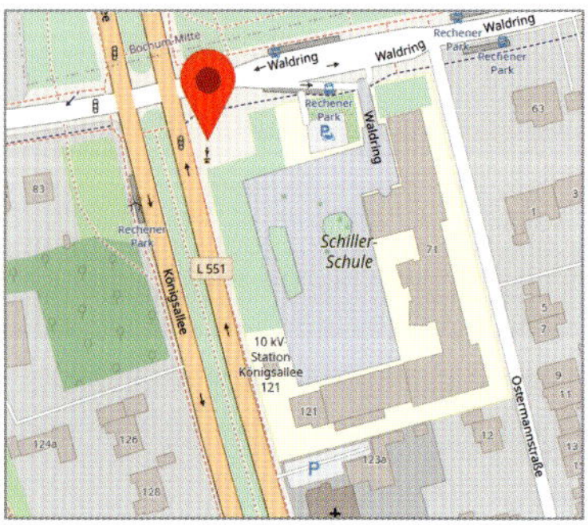

Waldring 71/Königsallee,
44789 Bochum

16 | Gerthe
Perfekt unvollendet

Sie ist im wahrsten Sinne hervorragend, die Kirche St.-Elisabeth. Ihr 60 Meter hoher Turm bestimmt als eines der gewaltigsten Bauwerke Bochums weithin die Silhouette der Stadt. Er markiert den höchsten Punkt im gesamten Ruhrbistum. Auf 190 Metern über NN sieht man vom Turm die Fußballstadien von Bochum, Schalke und Dortmund gleichermaßen.

Es fällt nicht auf Anhieb auf, dass diese Kirche keine Turmuhr besitzt. Die Zeit wird hier ganz althergebracht durch Läuten der Glocken des „Bochumer Vereins für Bergbau und Gußstahl-Fabrikation" im Turm hörbar gemacht. Schon gar nicht kann man erkennen, dass die St. Elisabeth zwar zu Gerthe gehört, dort aber nicht steht. Sie steht auf dem Gebiet der Nachbargemeinde Hiltrop, Gerthe beginnt erst 50 Meter weiter östlich.

Hervorragend ist auch der reiche Bauschmuck. Erzengel Michael schützt mit einem „lodernden Flammenschwert" den Eingang, den üblen Drachen zu seinen Füßen hat er bereits erfolgreich abgewehrt. Erzengel Michael ist der Hüter des Paradiestores und Schutzpatron Deutschlands. Als Retter in der Not ist er am Portal entsprechend lateinisch beschriftet: „archangele veni in adjutorium populo dei". Das heißt „der Erzengel Michael kam dem Volk Gottes zu Hilfe". Zwei Löwen zu seinen Seiten erleichtern ihm seine Aufgabe. Die Apostel Petrus und Paulus bewachen vom Obergeschoss das Umfeld. Viele andere einprägsame Darstellungen schildern Grundsätze der katholischen Kirche und biblische Ereignisse. Sie alle sind mit einer erklärenden Beschriftung versehen, allerdings in Latein.

Die Elisabethkirche, 2016

Mit „loderndem Flammenschwert" schützt Erzengel Michael das Tor zum Paradies und Deutschland.

Das Rosenwunder der Kirchenpatronin Elisabeth

Über dem Hauptportal erzählt ein Relief das Rosenwunder der Namenspatronin Hl. Elisabeth (1207–1231), das perfekt zu der seinerzeit überwiegend nicht eben wohlhabenden Einwohnerschaft Gerthes passt. Elisabeth war eine ungarische Prinzessin und deutsche Landgräfin und sehr sozial eingestellt. Sie besuchte Gefangene, pflegte Kranke, gewährte Heimatlosen Obdach, speiste Hungrige und spendete Almosen. Der Legende nach tat sie all das nicht immer zur Begeisterung ihres Mannes. Das Relief schildert, wie Elisabeth eines Tages in die Stadt ging, um den Armen Brot zu geben, obwohl gerade dies ihr unter Strafe verboten war. Dort traf sie ausgerechnet auf ihren Mann. Auf die Frage, was sie unter ihrer Schürze habe, antwortete Elisabeth, es seien Rosen. Ihre Mann bat sie, das Tuch zu hochzuheben. Widerwillig lüftet Elisabeth die Abdeckung – und tatsächlich waren da nur Rosen!

Löwe mit Eidechse am Portal

Ein neuzeitlicheres Wunder ist aus heutiger Sicht die extrem kurze Entstehungszeit dieses großen und komplexen Gebäudes. 1912 wurde der Vertrag mit dem damaligen Stararchitekten Johann Franziskus Klomp geschlossen, 15 Monate später, am 2. November 1913, wurde die Kirche bereits geweiht. Es ist eine neuromanische Architektur, deren Vorbilder man in Paderborn, Königslutter und Hildesheim finden kann. Die überall an der Grundstücksmauer, an der Fassade und im Altarraum sichtbaren Fünf-Loch-Muster sind offenbar vom Aachener Dom übernommen.

Im Inneren findet sich manches, was sich nicht auf den ersten Blick erklärt: Jede Kirchenbank ist einzigartig. Die aufwendig geschnitzten Wangen der Bänke mit Motiven aus der Schar der Allerheiligen suchen weit und breit ihresgleichen. Die Altarbibel spendete und signierte 1913 Kaiserin Auguste Viktoria.

Die Kirchenbänke sind mit den Allerheiligen reich verziert, hier grüßt Jesus.

Blick zum Altarraum mit der Kreuzigungsgruppe, die auf einer Spurlatte steht.

Über dem Altar erhebt sich ein Kreuzigungsgruppe. Sie steht auf einem Querbalken. Er ist ein bergbauliches Erinnerungsstück, eine Spurlatte. Das ist ein Balken aus besonders hartem Holz, an dem ein Förderkorb schienenähnlich im Schacht geführt wurde.

Was kaum jemand weiß: Die katholische Kirche war auf Zuwachs gebaut. Denn seitdem hier ab 1880 der Bergbau seinen Betrieb aufgenommen hatte, wuchs die Gerther Gemeinde durch den Zuzug meist polnischer, katholischer Arbeiter stark. In den Augen der Zeitgenossen und -genossinnen sah die Zukunft großartig aus. Das Dorf Gerthe wollte gemeinsam mit dem Nachbardorf Hiltrop zur Stadt werden, 1907 hatte man sich amtlich zusammengeschlossen. Darum durfte die Gerther Elisabethkirche auf Hiltroper Grund und Boden stehen. Im Umfeld der Elisabethkirche verwirklichte man weitere stolze Projekte: die schöne evangelische Jugendstilkirche, ein Gemeindehaus, Marktplatz, Geschäftsstraßen, Siedlungen, Schulen, einen Straßenbahnanschluss. Es folgten in den 1920er Jahren Krankenhaus, Stadtpark mit Schwimmbad sowie eine Turnhalle.

Wohl gänzlich unbekannt ist aber eine längst unwirksame Zuwachsplanung für die Elisabethkirche. Ein zweiter Turm und ein deutlich nach vorn zur Straße verlängerter Kirchenraum wurden schon 1913 geplant und für die Zukunft vorbereitet. Im Boden fanden sich um 2015 die Fundamente für beide Vergrößerungen. Besonders erstaunlich ist aber, dass die Steine der wundervollen Fassade von hinten nummeriert sind. So kann sie gut demontiert werden, um dann dem verlängerten Bau wieder vorgesetzt zu werden. Raffiniert. Man kann also sagen: Fertiggestellt war die Elisabethkirche 1913 als eine der bis heute schönsten Kirchen in Bochum. Vollendet wurde sie aber nie.

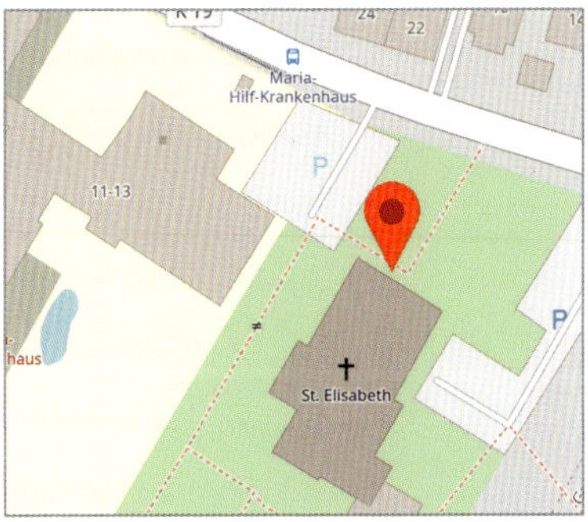

Hiltroper Landwehr 7A,
44805 Bochum

17 | Grumme
Kabine zwei bitte

An der „Grummer Seenplatte" funkelt am Ende des Prattwinkels ein großes buntes Mosaik, das einen Notenschlüssel zeigt. Von hier aus entspinnt sich die heute komplett vergessene Geschichte eines bedeutenden Kulturortes in Bochum. Gemeint ist das „Musikhaus Kühl".

Das Geschäft bot in der Bochumer Einkaufsmeile etwa von 1951 bis 1986 Musikinstrumente, Noten und Schallplatten an. Es lag zunächst an der Kortumstraße 102, dann an der Hausnummer 93. Dort erinnert nichts mehr daran. Auch im Stadtarchiv finden sich keine besonderen Informationen. Sogar das Musikhaus Kühl selbst kannte seine Geschichte nicht, denn es war nicht – wie es anzeigte – 1929, sondern schon 1916 gegründet worden. Schade, dass es vergessen ist, denn im „Musikhaus Kühl" wurde die kulturelle Begeisterung vieler Bochumerinnen und Bochumer gefördert und gefordert.

Kam man in das große Ladenlokal, schüchterte die stilvolle, dunkel gehaltene Einrichtung mit den zahlreichen Flügeln jüngere Besucher etwas ein. Die hielten das aber aus, schließlich war dies lange Zeit der beste Ort in Bochum, um begehrte Schallplatten zu erwerben. 10.000 Platten waren hier im Angebot. Den gewünschten Tonträger durfte man vor dem Kauf anhören, vorausgesetzt, man unterwarf sich einem strengen Ritual: Nach des Verkäufers prüfendem Blick legte er die Scheibe auf einen von mehreren Plattentellern, die in den Verkaufstresen eingebaut waren und verwies den Interessenten in eine der nummerierten verglasten, schallisolierten, etwas nach dem Schweiß von Nylest-Hemden müffelnden Kabinen. Hier durfte man dem Sound – nicht zu lange! – lauschen. Stamm-

Der fröhliche Schlüssel in eine Bochumer Musikgeschichte

kunden war es allerdings gewährt, selber aufzulegen und länger zuzuhören. Später wurden die Kabinen durch Kopfhörer ersetzt. Wer sich nicht entscheiden konnte, durfte als kostenlose Hörprobe und Werbegeschenk „Die klingende Post" mitnehmen. Das war eine Single mit einer Auswahl zahlreicher, kurz angespielter aktueller Titel „für unsere Schallplattenfreunde". Nicht vergessen werden darf, dass hier die Noten für die ersten eigenen Musikversuche zu haben waren. Wenn auch die begehrten „Die Beatles und ihre Songs" erst bestellt werden mussten, während der weniger gern genommene Bach gleich greifbar war.

Die Familie des Inhabers wohnte von etwa 1962 bis 1985 in dem Grummer Haus mit dem bunten Notenschlüssel. Karl-Heinz Kühl (vermutlich 1928–2007) war ausgebildeter Klavierstimmer. Beruf und Begeisterung hatte er offensichtlich von seinem Vater Christian Kühl übernommen. Christian Kühl besaß mindestens seit 1916 eine „Piano-Bauanstalt" und warb schon 1920 unter anderem mit seiner „Kastenfabrikation für Pianos" sowie dem Stimmen von „Kunstspielapparaten in höchster Vollendung bei mäßigen Preisen". Christian Kühl wiederum hatte den noch 1908 existierenden und wohl väterlichen „Kolonialwarenladen Kaspar Kühl" an der Verkehrsstraße 24 übernommen und umfunktioniert. Das Musikhaus Kühl existierte also von 1916 bis um 1986 immerhin rund 70 Jahre.

Der Gründer Christian Kühl war ein in der Presse gefeierter und erfolgreicher Chorleiter. Er dirigierte viele Jahre den evangelischen Kirchenchor „Wegescheid" in Bochum-Hamme und einige andere Musikgemeinschaften. Über seinen Volksliederabend in der Turn- und Festhalle in Bochum-Bergen am 21. Juni 1932 wurde berichtet, er habe den Abend thematisch aufgeteilt: „Den Anfang bildeten Wander- und Abschiedslieder, Jägerlieder folgten und ernste wie heitere Soldatenlieder. Den Beschluss machten die für unsere Gegend bezeichnenden Bergmannslieder. Der Dirigent bringt für den Vortrag eine gesunde, unsentimentale Auffassung mit und hält den Chor zu frischem, natürlichen Singen an. Wie sehr der Chor mit dieser Programmauswahl das Richtige getroffen hatte, ersah man an dem zahlreichen Besuch. Die gelungenen Chorvorträge fanden lebhaften Beifall." Am 17. November 1932 kommt es zu dem regionaltypischen Lob, die Lieder seien mit „beseligtem Ausdruck schlackenfrei zu Gehör gebracht" worden. Leider rutschte Christian Kühl am Montagmittag, dem 13. November 1939 in der Nähe des Rathauses „auf einer Obstschale aus und kam dabei so unglücklich zu Fall, dass der Tod auf der Stelle eintrat", berichtete der „Bochumer Anzeiger" zwei Tage später.

Der Notenschlüssel in Grumme ist auf den zweiten Blick der Schlüssel in eine Vergangenheit, in der sich der genussvolle Konsum von Musik stark veränderte: In den 1920er Jahren waren Musikinstrumente daheim sowie der Besuch von Konzerten die einzige Möglichkeit, sich an Melodien zu erfreuen. Es folgte mit den Schallplatten der Start in die allgegenwärtigen Klangwelten. Das Musikerfamilie Kühl und einige weitere Bochumer Musikgeschäfte haben die ersten Schritte in Bochum mit geprägt.

„Die klingende Post“ mit einer Auswahl aktueller, kurz angespielter Titel

Mittelpunkt für Musikfans etwa von 1951 bis 1986 neben dem heutigen „City-Center“

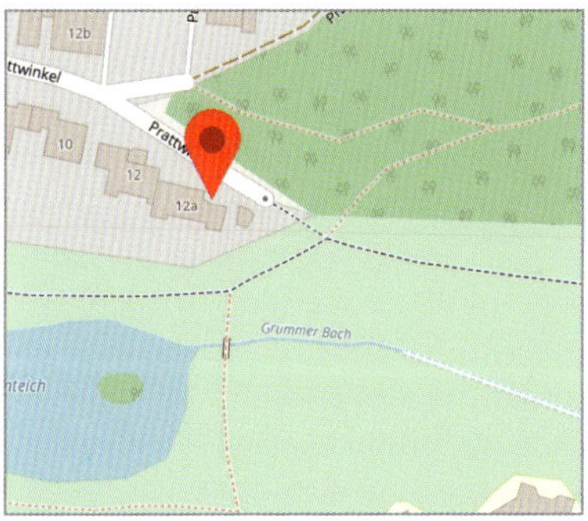

Prattwinkel 12A,
44807 Bochum

18 | Grumme
Aufstieg in die Vergangenheit

Die Grummer Seenplatte wird von der Tenthoffstraße gekreuzt, die einen beschaulichen Aufstieg zum Tippelsberg gewährt. Etwa auf halber Strecke des Weges zweigt rechts unerwartet eine breite Treppe ab, die in einem unscheinbaren, aber beliebten Trampelpfad mündet. Bis zum September 2023 waren die Stufen romantisch schief und ausgetreten. Nun sind sie funkelnagelneu, was das Verhältnis der opulenten Treppe zum unscheinbaren Pfad noch weniger erklärlich macht.

Geht man an der Treppe vorbei die Tenthoffstraße weiter ein Stück bergauf, trifft man auf eine alte eiserne Brücke. Sie wird von vier reich verzierten gusseisernen Säulen gestützt. Mit der Gestaltung der Säulen wurden auf sehr eigenwillige Art antike Formen imitiert. Kleine Blüten, Blätter, geflochtene Bänder und gerollte Formen halten anscheinend jeweils ein Bündel schmaler Stäbe zusammen. Die Säulen sind auffallend schlank, so dass man ihnen keine große Tragkraft zutraut. Seit 1989 sind sie durch das Denkmalrecht geschützt, was sehr nützlich war. Denn um 2007 wurde durch einen Unfall eine Säule stark beschädigt und musste entfernt werden. Es dauerte zwei Jahre, bis die Säule wieder stand. Ohne das Denkmalrecht wäre das nicht möglich gewesen.

Treppe und Brücke gehören zu den letzten baulichen Zeugen der Zeche Constantin, Schachtanlage 6/7. Diese ragte 1903 bis 1967 mit 40 Meter hohen Fördergerüsten und noch höheren Schornsteinen wie eine moderne Burg über dem Ortsteil Grumme auf. Über die 1904 montierte Brücke fuhren tonnenschwer mit Kohle beladene Züge. Die Güterbahnstrecke verband die Schachtanlagen 6 /7,

Alter Bergmanns-
stieg Tenthoffstraße,
bis September 2023

„Schöne Brücke, hast mich oft getragen … schöne Brücke, magst du ewig stehen," hat Gottfried Keller 1849 geschrieben. Passt auch auf diese denkmalgeschützte Brücke von 1904.

Schachtanlage Constantin 6/7, Felix Kaul um 1956

8/9 in Riemke und 10 in Gerthe. Die Zeche Constantin besaß in weiter Umgebung elf Schachtanlagen, auf denen 1927 rund 4.800 Beschäftigte 1.000.000 Tonnen Steinkohle förderten. Constantin 6/7 besaß ab 1910 bis um 1931 eine Seilbahnverbindung zum Schacht 1 an der Herner Straße. Sie lieferte Kokskohle für die beiden Kokereien an. Wenn auf den Kokereien der glühende Koks mit Wasser gelöscht wurde, stiegen Partikel in die Luft auf, die wie schwarzer Schnee auf Grumme herabsanken. Da hieß es stets schnell die Wäsche von den Leinen reinholen, sonst war die Reinigung zu wiederholen.

Die Treppe und der früher deutlich breitere und beleuchtete Weg boten bis 1967 täglich vielen hundert Bergarbeitern einen Zugang zur Schachtanlage. Jetzt führt der Weg zu ein paar modernisierten Wohnhäusern, die ehemals für Angestellte der Zeche gebaut worden waren. Rechts vom Verlauf schlängeln sich alte Fernwärmeleitungen durchs Gelände.

Der Zechenname leitet sich vom römischen Kaiser Constantin ab, der als erster die Christen tolerierte, und wird als Ermutigung des Gründers Adolf Hagedorn an potenzielle Kapitalanleger gedeutet. Die Zeche mit ihren Gebäuden hielten als „Landmarke" früh auch Einzug in künstlerische Produktionen. Sie war Motiv für Künstler und wurde am 2. Oktober 1976 sogar Bühnenbild in den Kammerspielen, als hier eine Schülergruppe auf Einladung von Peter Zadek ein wild-fantasievolles Musical aufführten, das sich an der berühmten Bochumer Jobsiade orientierte.

Nach der Stilllegung der Schachtanlage 1967 wurde das komplette Gelände geräumt und wegen Kontaminierungsgefahr meterhoch abgedeckt. Danach erfolgte die Sanierung für das Deutsche Turnfest 1990. Es entstand ein großzügiges Sportgelände, das zunächst von den Profis des VfL Bochum als Trainingsstätte genutzt wurde, bevor es 2003 das Trainingszentrum für die Jugendabteilung des VfL wurde. Plätze für unterschiedliche Ballsportarten kamen hinzu. Wurde hier einst Kohle gefördert, dient das Gebiet nun der Sportförderung.

Tenthoffstraße 63,
44807 Bochum

19 | Grumme
Das doppelte Lottchen

Die schöne Tänzerin kam 1927 mit ihrer Begleitung zum Entzücken aller in den Bochumer Rosengarten – verschwand aber immer wieder. Von ihrer hilfreichen Zwillingsschwester ahnte niemand etwas.

Die Westfälische Berggewerkschaftskasse hatte aufgrund unverzichtbarer bergbautechnischer Messungen und für die Lehre in ihrer Bergschule schon 1854 mit der Evaluation des Erdmagnetismus begonnen, 1887 mit der Erhebung der Wetterdaten, ab 1909 mit der Messung von Erdbeben. Die Messgeräte standen im Stadtpark, die Wetterwarte im dortigen Rosengarten. Nachdem die Wetterwarte Mitte der 1920er Jahre versetzt worden war, machte man sich bei der Stadt offensichtlich Gedanken darüber, wie man diese zentrale Stelle wieder attraktiv machen könne. Fündig wurde man 1926 auf der „GeSoLei", der großen Ausstellung in Düsseldorf für Gesundheitspflege, soziale Fürsorge und Leibesübungen. Die Firma „Zeidler und Wimmer Gartengestaltung" hatte dort einen Brunnen ausgestellt, den der Architekt Eugen Schmohl (1880–1926) entwarf, dessen Figuren aber der Berliner Künstler und Dozent Wilhelm Gerstel (1879–1963) schuf.

Der Brunnen besteht aus einer steinernen Schale aus Gaubüttelbrunner Muschelkalkstein, in deren Mitte sich ein Postament befindet, das eine Kugel trägt. Auf der Kugel steht als Bronzefigur eine junge nackte Frau in tänzerischer Pose. Als weitere bildliche Darstellungen sind an der Sandsteinplattform zwei weibliche und zwei männliche Köpfe angebracht, über deren Botschaft man rätseln darf. Hinzu kommen vier kleine Bronzefische. Wasser sprudelte sowohl aus den vier Fischmäulern als auch aus vier Öffnungen in der Kugel. Die Schale ist einer

Der Brunnen mit der „Schwebenden" im Rosengarten, 1926 geformt vom Künstler Wilhelm Gerstel

Die „Schwebende“ im Rosengarten, 2012

Einer der Fische am Brunnen vor der Montage

Muschelschale nachempfunden. Die Bronzefigur wurde und wird als Tänzerin bezeichnet, obwohl Wilhelm Gerstel sie als „Schwebende" vorgestellt hatte – und damit sicherlich allegorisch auf die ungewisse Balance des Lebens hinweisen wollte. Das war ein verbreitetes Motiv in den tatsächlich sehr unsicheren 1920er Jahren. Mittlerweile hat sich auch noch die Bezeichnung „Jungmädchenbrunnen" eingebürgert.

Im Verwaltungsbericht der Stadt Bochum findet sich in der Ausgabe 1925/26 dazu der Hinweis: „Eine Bereicherung erhielt der Stadtpark durch Aufstellung eines Brunnens mit Figur im Rosengarten. Hierbei war eine Umgestaltung dieses regelmäßigen Teiles des Parks erforderlich, um den für die gesteigerte Wirkung des Brunnens erforderlichen streng gegliederten Raum zu schaffen." Einzelbeete mit in Sorten aufgeteilten und etikettierten „bester und neuester" Rosen fanden hier ihren informativen Platz. Eine förmliche Einweihungsfeier fehlte wohl wegen der kalten Jahreszeit, aber vom Mai 1927 existieren bereits Fotos. Die Fische entwichen irgendwann unbemerkt. Die Tänzerin wurde über Jahrzehnte hinweg immer mal wieder entführt, kehrte aber stets zurück. 1996 verschwand sie allerdings für rund zehn Jahre und damit anscheinend endgültig.

Als die Stadt Cottbus 2006 ein Stadtjubiläum feierte, begab sich der Stadtdenkmalpfleger Volker Mende auf die Suche nach der Herkunft des städtischen „Enke-Brunnens", benannt nach dem Cottbusser Stifter von 1926. Der Brunnen war soeben mit Sponsorenmitteln restauriert und in die Stadtmitte versetzt worden. Hier in Cottbus waren die Figuren vollständig erhalten. Mende war aus einer zeitgenössischen Gartenzeitschrift und dem Katalog der Herstellerfirma bekannt geworden, dass in Bochum der gleiche Brunnen stand – nämlich der Brunnen im Bochumer Rosengarten. Mende wandte sich mit der Bitte um Informationen an das „LWL – Amt für Denkmalpflege in Westfalen". Von da aus kam die Bitte über den Geschichtsverein „Kortum-Gesellschaft Bochum" an die Stadtverwaltung Bochum und schließlich an den „Kemnader Kreis", der bereit war, Duplikate der in Bochum fehlenden Figuren zu finanzieren.

Im weiteren Informationswechsel stimmte die Stadt Cottbus einem Abguss der fehlenden Tänzerin bereitwillig zu. Aufwendig wurde die Cottbusser Tänzerin vom Sockel genommen und in Silicon gepackt als Grundlage der neuen Gussform. Formen für die Delfine waren bereits vorhanden. Cottbus bat darum, die heimische Kunstgießerei Lauchhammer, die auch die Delfine gegossen hatte, mit dem Auftrag zu betrauen. Die Firma hat eine seit 1776 währende Tradition im Bronzeguss und war auch preislich so attraktiv, dass man den Cottbusser Vorschlag nur be-

Der „Enke-Brunnen" in Cottbus, 2010

grüßen konnte. Am 18. September 2007 wurde der Brunnen in Bochum restauriert eingeweiht.

Das ging gut bis zum 22. Januar 2023. Metalldiebe stahlen die Fische, die Tänzern war für den Vandalismus zu gut befestigt. Der ärgerliche Raub richtete etwas weniger Schaden an als 1996, weil für alle Figuren nun die Gussformen von 2007 vorhanden sind. Trotzdem wurde die Tänzerin erst einmal demontiert und

Brunnen im Rosengarten in den 1930er Jahren

wartet in Sicherheit auf die Rückkehr ihrer Fische. Irgendwie erinnert diese Geschichte der beiden Zwillingsfiguren aus Bochum und Cottbus, die einander nicht kannten und dann doch zusammenkamen, an Erich Kästners „Doppeltes Lottchen". Ende 2023 war der Brunnen wiederhergestellt.

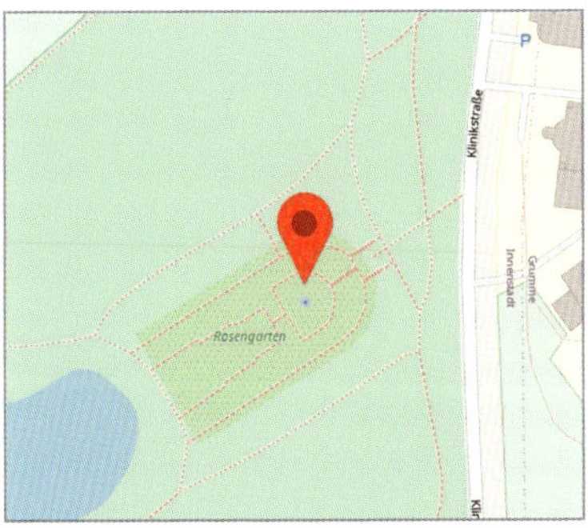

Klinikstraße/Stadtpark,
44791 Bochum

20 | Grumme
Eine Scheibe Weltkulturerbe

In Blau und Gold die Wappen von Westfalen und Lippe, darüber eine gekrönte Brezel. Das ist das einzig Auffällige an einem schlichten Haus in der vornehmen Villengegend am Bochumer Stadtpark. Es war und ist die Zentrale für die Bäckerinnungen in Westfalen-Lippe. 1926 war das Haus als „Westfälische Bäckerfachschule" die erste Fachschule eines freischaffenden Gewerbes in Deutschland. Auch im Ausland waren damals derartige Schulen nicht bekannt.

Das von den Architekten Walter Knop und Sohn entworfene und 1952 eingeweihte Haus – ehemals mit einer Backstube ausgerüstet – steht auf dem Grundstück seines 1943 im Krieg zerstörten Vorgängerbaus. Mit der Errichtung der Bäckerfachschule in Bochum war ein bereits 1887 erstmals geäußerter Wunsch in Erfüllung gegangen. Hier wurden Bäckermeister und Gesellen in mehrwöchigen Kursen fortgebildet. Ziel war es unter anderem, die Meisterprüfung zu bestehen. Hervorgehoben wurde 1934, dass auch „Bäckermeisterfrauen und -töchtern und weiblichen Angestellten" die Fortbildung zustand. Von 1926 bis 1934 zählte man 1.200 Teilnehmer und Teilnehmerinnen, die aus allen Teilen Deutschlands, zum Teil sogar aus der Schweiz und Österreich zu den Kursen nach Bochum kamen – trotz der Skepsis, die manche ältere Bäcker der fortschrittlichen Einrichtung entgegenbrachten. Geleitet wurde die Schule seit der Gründung lange von dem Chemiker Dr. Friedrich Wiebel.

In den 1920er und 1930er Jahren arbeiteten 250.000 Menschen im Bäckerhandwerk, hinzu kamen 100.000 mitarbeitende Familienangehörige. Sie versorgten zwar nach Aussagen der Innung 90 % der Deutschen mit Brot und Back-

Das 1952 eingeweihte Haus – ehemals mit einer Backstube ausgerüstet – steht auf dem Grundstück seines 1943 im Krieg zerstörten Vorgängerbaus von 1926.

In Blau und Gold die Wappen von Westfalen und Lippe, darüber eine gekrönte Brezel, das ist das Innungswappen.

Bis 1926 Finanzamt, wurde das Haus durch Versuchsbäckerei, Labor und Hörsaal zur Bäckerfachschule.

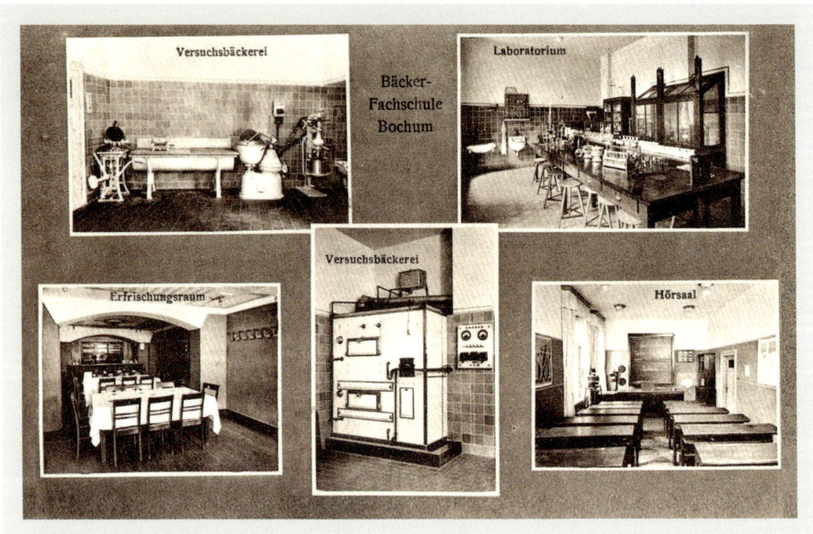

waren, trotzdem stand das Handwerk des Bäckers zunehmend in Konkurrenz zu den „Brotfabriken" und der Eigenproduktion großer Konsumgenossenschaften. Die Fabriken hatten zur Qualifizierung ihrer Lehrlinge und Arbeiter eigene Werkschulen gegründet. Die Bochumer Bäckerfachschule sollte das Gegengewicht der Innung werden. Für den Wettbewerb war Bochum ein guter Ausgangspunkt, denn hier hatte der 1879 gegründete Innungsverband schon vor dem Ersten Weltkrieg seine Zentrale angesiedelt. Vielleicht, weil die meisten Bäckereien der Provinz Westfalen im Ruhrgebiet gearbeitet haben dürften. In Bochum konnten zudem mächtige Konkurrenten gut beobachtet werden – das waren der Konsumverein Wohlfahrt mit seiner Großbäckerei und die zahlreichen Brotfabriken im benachbarten Wanne-Eickel, bekannt als „Stadt des Brotes".

Zur Einweihung im Oktober 1926 schilderte der Bochumer Anzeiger das vom Architekten Heinrich Holzapfel umgebaute Haus: „Die Bäckerfachschule hat ihr Heim gefunden in dem früheren Finanzamt an der Bergstraße. Im Untergeschoß befindet sich, neben einer Autogarage, ein schöner stilvoller Erfrischungsraum, in dem die Kursisten ihre gemeinschaftlichen Mahlzeiten einnehmen werden. In der daneben liegenden Küche werden die Speisen zubereitet. Gegenüber befinden sich die geräumigen Toilettenanlagen. Die Zentralheizung ist nach den neuesten Erfahrungen gebaut worden. Um auch den hygienischen Bedürfnissen eines neuzeitlichen Hauses Rechnung zu tragen, ist eine Staubsaugeranlage eingebaut worden. Im Erdgeschoß befinden sich die Räume für die Fachschule. Ein heller Hörsaal bietet 28 Kursisten Raum. Die Kurse dauern bis zehn Wochen. Der erste Kursus beginnt mit 28 Schülern. Es bestehen die Möglichkeiten, den Unterricht durch Experimente, kinematographische Vorführungen usw. zu beleben. Gegenüber dem Hörsaal befindet sich die Versuchsbäckerei. Der Ofen kann elektrisch und mit Gas geheizt werden. Die Öfen- sowie auch die Maschinenanlage ist unter Verwendung der neuesten technischen Errungenschaften errichtet. In dem der Versuchsbäckerei anschließenden Raum ist ein Laboratorium untergebracht. Zwei große Experimentiertische, an denen zwölf Kursisten Platz finden, um Untersuchungen von Rohmaterialien usw. selbst ausführen zu können, bilden den Mittelpunkt des Raumes. Außerdem befinden sich im Erdgeschoß die Geschäftsräume der Bochumer Bäckerinnung und eine Wohnung. Im Obergeschoß ist die Verwaltung des Westfälischen Bäckerinnungsverbandes untergebracht. Das Vorstandszimmer sowie das Arbeitszimmer des Syndikus wirken repräsentativ vornehm. Die Wandtäfelung aus kaukasischem Nussbaum gibt dem Sitzungssaale ein besonderes Gepräge. Die Bücherschränke sind in die Wand eingemauert. Die Beleuchtungskörper atmen modernen Geschmack."

Im Januar 1939 wurde dem Haus ein Internat für die Bäcker und Bäckerinnen des Hauses angefügt, so dass sie sich kein Hotel oder Pension für die Zeit der Schulung mehr suchen mussten. Der Backofen stand für neu entwickelte Produkte zur Verfügung, sicherlich aber auch zur Übung im Umgang mit dieser für manche dörflichen Kursteilnehmende vielleicht noch neuen Technik. Im Labor vermittelte man Methoden zur Untersuchung der Qualität der Rohstoffe. Buchführung, Steuerkunde, fachgewerbliches Rechnen und Kalkulieren sowie Sozial- und Arbeitsrecht waren die wesentlichen theoretischen Fächer. Im Neubau von 1952 beschränkte man sich auf die eine Backstube für Abendkurse, die umfassende Ausbildung wurde nach Olpe verlagert.

Ziel war es ab 1926 auch, die Herstellung neuer Produkte kennenzulernen. Die Bäckereibetriebe mussten zu ihrer Absicherung immer mehr dazu übergehen, Konditoreiware anzubieten. Lehrreich gebacken wurden darum Hefe- und Blätterteig, Biskuit- und Sandmassen, Makronen und Hartgebäck, Petits Fours, Desserts, Facontorten, Lebkuchen, Pfeffernüsse, Printen und Spitzkuchen. Damit das alles hübsch aussah, umfasste das Curriculum auch das Garnieren und die Dekoration mit Gelee, Kakao oder Marzipan.

Nirgendwo auf der Welt gibt es so viele unterschiedliche Brotsorten und so exzellentes Brot wie in Deutschland. In den meisten Ländern gibt es nur wenige Brotarten, während das Deutsche Bäckerhandwerk rund 3.200 unterschiedliche Brotspezialitäten vorweisen kann. Darum wurde die „Deutsche Brotkultur" 2014 zum Weltkulturerbe ernannt. Das Haus an der Bergstraße hat seinen Beitrag dazu geleistet.

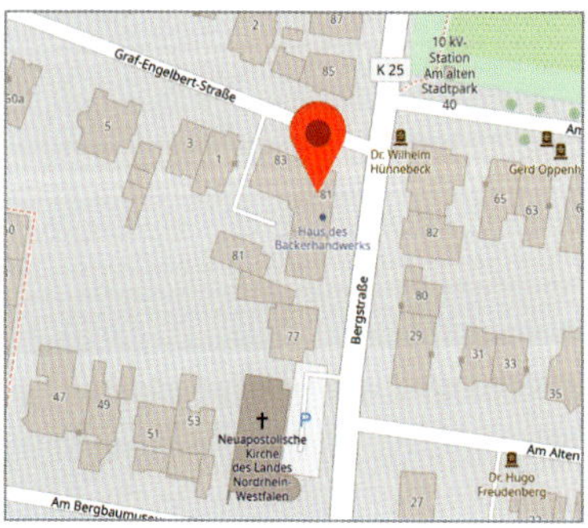

Bergstraße 79 – 83,
44791 Bochum

21 | Hamme
Schweizer Hilfe

Auf einem recht hohen Natursteinsockel steht die lauschige Kindertagesstätte „Hermannstraße". Die AWO-Kita wurde in den farbigen Pavillons 1992 eröffnet und war eine große Entlastung für die Eltern im Viertel. Damit reihte sie sich ein in eine lange Tradition von Hilfseinrichtungen auf diesem Grundstück.

Den Natursteinsockel gibt es schon seit 1941. Er gehört zum größten Tiefbunker Bochums. Mit einer Grundfläche von 40 x 20 Metern, fast zwei Meter dicken Wänden und einer 1,40 Meter starken Decke bot er im Zweiten Weltkrieg zahllosen Menschen etwas Sicherheit vor den Bomben. Am 4. November 1944 – dem stärksten Bombenangriff auf Bochum – starben hier allerdings viele Menschen, die der Bunker nicht mehr aufnehmen konnte.

In der Zeit des Nationalsozialismus von 1933 bis 1945 war die Schweiz neutral gegenüber dem NS-Staat und allen Kriegsmächten. Sie wurde der wichtigste Umschlagplatz für Gold aus dem Machtbereich des Dritten Reichs. 1938 war sie an der Kennzeichnung der Pässe deutscher Juden durch den „J"-Stempel beteiligt, um jüdische Flüchtlinge leichter abweisen zu können. Im August 1942 schloss sie die Grenze für Flüchtlinge endgültig. Erst 1945 sollte sich dann herausstellen, dass viele Schweizer Besseres im Sinn hatte. Auch für die Hermannstraße in Bochum.

Im Februar 1946 nahm die „Schweizer Spende" in den westlichen Besatzungszonen und in Berlin den Kampf gegen Hunger, Krankheit, Kälte und Obdachlosigkeit auf. Dafür hatte man schon seit 1944 öffentlich in der Schweiz als Ausdruck der Solidarität mit den Opfern des Zweiten Weltkriegs gesammelt. Es hieß: „Die

Die Kindertagesstätte „KITA Hermannstraße“, 1992 gebaut auf dem Sockel von 1941

Glückliche Kinder werden beköstigt.

Schweizer Spende an die Kriegsgeschädigten soll unserer Bevölkerung Gelegenheit bieten, die Gefühle der Nächstenliebe, die sie empfindet, zu bezeugen." Neben umfangreichen Hilfsaktionen in den Grenzregionen errichtete das Hilfswerk in den vom Krieg besonders betroffenen Großstädten wie Köln und Berlin sowie in den für die schweizerische Wirtschaft bedeutsamen industriellen Ballungszentren Westdeutschlands, wie Dortmund, Bochum und Gelsenkirchen, so genannte „Schweizer Dörfer". Diese bestanden aus Küchen, Werkstätten, pädagogischen Betreuungseinrichtungen und Bibliotheken und entwickelten sich zu beliebten und anerkannten sozialen Zentren. Schnell standen die Hilfszentren in dem Ruf, Oasen des Friedens in einer vom Krieg zerstörten, lebensfeindlichen Umwelt zu gleichen. Kinder, schwangere Frauen und junge Mütter, Alte und Kranke zählten zu den Empfängern der umfangreichen Hilfsleistungen. Das „Schweizerische Rote Kreuz" vermittelte über die Dörfer 26.000 deutschen Kindern einen jeweils dreimonatigen Aufenthalt in Schweizer Familien.

In Bochum siedelte sich 1946 auf dem stabilen Dach des Bunkers die „Schweizer Spende" mit einem der wenigen „Schweizer Dörfer" im Ruhrgebiet an. Aus der Schweiz transportierte man Baracken sowie reichlich Nahrung und Kleidung hierher, um Bochumer Kindern zu helfen. Von hier aus ermöglichte man besonders ge-

Das Schweizer Dorf 1947 an derselben Stelle

schwächten Bochumer Kindern die Kuraufenthalte in der Schweiz. Auf dem „Kriegsbau" entstand so ein Ort der Versöhnung und Hilfe. Geleitet wurde das Dorf 1947/48 von Verena Conzetti (1914–1999), sie hatte die Soziale Frauenschule in Zürich besucht und 1939 mit der Arbeit abgeschlossen: „Untersuchungen über die heutigen Beobachtungsmöglichkeiten für psychisch abnorme Kinder und Jugendliche in Basel". Nach 1948 absolvierte sie eine Ausbildung in Psychologie und Psychoanalyse und wirkte an der Psychiatrischen Universitätsklinik in Basel. Verena Conzetti gehörte 1956 zu den Gründungsmitgliedern der SPK, der Schweizerischen Gesellschaft der PsychotherapeutInnen für Kinder und Jugendliche. Ihr Bochumer Team umfasste 1946 wohl fünf Kolleginnen, darüber hinaus engagierten sich zehn Praktikantinnen der Frauenfachschule Bochum bei ihr in Hamme.

1948 verließen die Schweizer Bochum und die Stadt übernahm das Dorf als Sozialzentrum mindestens bis in die 1960er Jahre. 1949 gab es Überlegungen, den Bunker zu einer Badeanstalt auszubauen. Dazu kam es nicht. Als 1974 die IFAK e. V. als Verein für multikulturelle Kinder- und Jugendhilfe gegründet wurde, wirkte sie auch in diesen Räumen. Gegründet wurde der Verein als ehrenamtliche Initiative von Lehrern und Schülern eines Bochumer Gymnasiums. Hintergrund war seinerzeit der verstärkt einsetzende Familiennachzug von Angehörigen ausländischer Arbeitnehmer nach dem Anwerbestopp.

1995 wurde die letzte der Baracken abgerissen. Da stand auf dem Bunker schon seit 1992 der jetzige Kindergarten nach einem Entwurf des Bochumer Architekten Holger Rübsamen, nicht ganz unähnlich dem „Schweizer Dorf" in Funktion und Architektur. Die weitgehend unbekannte Geschichte des Geländes ist eine Erinnerung aktiver Hilfsbereitschaft, aber auch ein Ort der Mahnung an die Höhen und Tiefen europäischer Völkerverständigung.

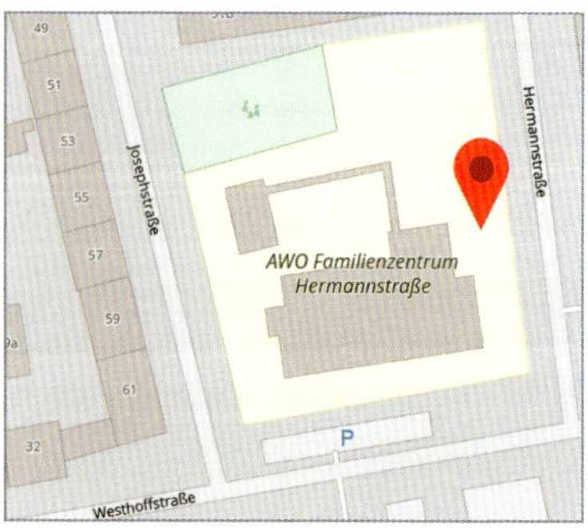

Hermannstraße 25,
44791 Bochum

22 | Hamme
In perfekter Harmonie

Mit etwas Glück hört man auf dem Weg zur Bochumer Jahrhunderthalle, dem NRW-Festspielhaus der „Ruhrtriennale", die Melodie eines Glockenspiels.

In den Bochumer Farben Weiß und Blau gestaltet, war das Glockenspiel von 1954 bis 1968 Werbemittel für die einzigartigen Gussstahlglocken des Stahlwerkes „Bochumer Verein". Es wurde von Industriemesse zu Industriemesse transportiert und animierte mit seinen einnehmenden Klängen erfolgreich zum Kauf von Glocken und Glockenspielen aus Gussstahl.

Seit 1851 stand der 1845 gegründete Bochumer Verein mit seinen Glocken aus gegossenem Stahl in heftiger Konkurrenz zu den klassischen Glocken aus Bronze und war dabei sehr erfolgreich. Bochumer Glocken sind immer noch in reicher Zahl weltweit zu finden. Ein sehr sympathisches Geläut erklingt seit 1953 vom Turm der „Weltfriedenskirche" im japanischen Hiroshima. In Bochum wirbt seit 1949 die heutige Pausenglocke im Anneliese Brost Musikforum Ruhr für den Frieden mit dem am unteren Rand eingravierten Motto des damaligen Katholikentages: „Gerechtigkeit schafft Frieden".

Bis heute wird zwischen den Bronze- und Gussstahlfans über die unterschiedlichen Materialeigenschaften und die Klangqualitäten diskutiert. Im Wettbewerb überzeugte das wohlklingende Bochumer Glockenspiel mit seinen eingängigen Melodien – aber auch mit seinem relativ günstigen Preis. Das weltweit erste Gussstahl-Glockenspiel findet sich seit 1949 im Rathausturm Bochum. Das Münsteraner Schloss besitzt seit 1954 ein Geläut. Das ebenfalls in Münster beheimatete LWL-Landeshaus wird seit 1953 von einem Glockenspiel

Das Glockenspiel des Bochumer Vereins
an der Jahrhunderthalle 2023

Der ehemalige Standort des Glockenspiels vor der – mittlerweile entstellend umgebauten – ehemaligen Hauptverwaltung des Bochumer Vereins, dann Krupp Bochum

Der Glockenturm des „Bochumer Vereins für Bergbau und Gussstahlfabrikation" auf dem Werksgelände

Titelblatt des Glockenkataloges, 1929

Selten ist es da so leer. Ein beliebter Treffpunkt in der Stadt ist die große Glocke des Bochumer Vereins von 1851 vor dem Bochumer Rathaus.

In der Umgebung gut zu hören, aus der Nähe gut zu sehen ist das nun harmonische Miteinander der Gussstahl- und Bronzeglocken an der Jahrhunderthalle.

Die Pausenglocke im Anneliese Brost Musikforum Ruhr stammt vom Katholikentag 1949 und trägt am unteren Rand die Inschrift: „Gerechtigkeit schafft Frieden".

bekrönt, das das reichste Repertoire Westfalens mit 60 Chorälen und Liedern spielen kann.

Der Bochumer Verein wurde 1965 vom Krupp-Konzern übernommen und stellte die Glockenproduktion 1968 ein. Das Glockenspiel war viele Jahre vor der Hauptverwaltung des Stahlwerkes an der Essener Straße fest installiert. Als das Hochhaus ungefähr im Jahr 2000 verkauft wurde, lagerte Krupp das Glockenspiel ein. Nach heftigen Protesten aus Politik und Bürgerschaft wurde das Glockenspiel an seinem heutigen Standort wieder aufgestellt. Allerdings fehlten die kleineren Glocken. Sie hatten unbekannte Liebhaber gefunden. Es soll dann der Krupp'sche Generalbevollmächtigte Berthold Beitz (1913–2013) persönlich gewesen sein, der diese Schmach nicht auf Krupp sitzen lassen wollte und einen Neuguss der fehlenden Glocken anordnete. Problem: Seit der Einstellung des Gussstahlverfahrens für Glocken kann niemand mehr solche Glocken aus Stahl produzieren. Darum wurden die Ersatzglocken althergebracht aus Bronze gegossen. Da sie nicht weiß gestrichen wurden, kann man den Unterschied bei genauer Betrachtung des Glockenspiels an der Jahrhunderthalle zwar noch entdecken, aber nicht hören. Die einst geradezu verfeindeten Konkurrenzprodukte hängen nun also harmonisch nebeneinander. Wie klingt es ähnlich bei Stevie Wonder und Paul McCartney? „Ebony and ivory live together in perfect harmony side by side on my piano keyboard. Oh Lord, why don't we?"

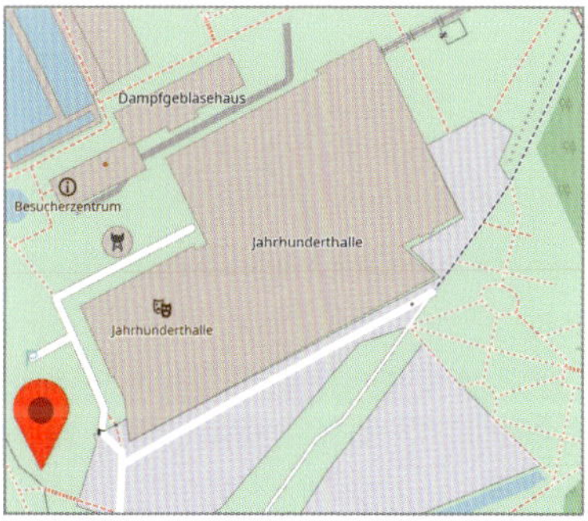

An der Jahrhunderthalle 1,
44793 Bochum

23 | Hamme
Öko-Dreieck

Das Bermuda3Eck kennt jeder in Bochum, das Öko-Dreieck eher niemand. Der Verkehr tost rechts und links vorbei und verdeckt eines der ersten großen umweltschonenden Bauprojekte in Bochum. Die 1907 errichtete, leider inzwischen leicht angeschmuddelte Arbeiter- und Angestelltensiedlung des „Bochumer Vereins für Bergbau und Gußstahlfabrikation" wurde Anfang der 1990er Jahre nachhaltig, sozialverträglich und denkmalgerecht saniert.

Nach den Kohle-, Stahl- und sonstigen Wirtschaftskrisen sowie dem folgenden Strukturwandel im Ruhrgebiet versuchte man, die vor 120 Jahren für Stammarbeiter und ihre Familien angelegten Arbeitersiedlungen in zeitgemäße Wohnformen zu überführen. Für zahlreiche ehemalige Werkswohnungen wurden umfangreiche Modernisierungskonzepte erarbeitet. So war es auch beim „Öko-Dreieck", zeitweilig auch „VEBA-Dreieck" genannt, im Bochumer Stadtteil Stahlhausen: Wie ein geschlossenes Dreieck liegt die ehemalige Arbeitersiedlung des Bochumer Vereins zwischen den Hauptausfallstraßen Alleestraße, Wattenscheider Straße und Kohlenstraße.

1906/07 beruhte die Motivation des Bochumer Vereins zum Bau dieser „Kolonie Weststraße" auf dem Wunsch nach größeren Werkswohnungen. Otto Berndt, der langjährige Firmenbaumeister, betonte gegenüber dem Generaldirektor Fritz Baare die Notwendigkeit nach größeren Wohnungen insbesondere im Blick auf die Stammarbeiterschaft: „Eine ganze Anzahl unserer besseren Arbeiterfamilien zählen 10-12 Köpfe und für diese reichen die drei- bzw. vierräumigen Wohnungen, wenn ich die Flurküche als Wohnraum mitrechne, nicht aus; es lie-

Blick auf die Solaranlage im Innenraum des „Öko-Dreiecks"

Die Solaranlage 1998 frisch hergerichtet

Blick von außen auf das Öko-Dreieck, 2023

gen Fälle vor, wo in einem kleinen Raume 6, ja sogar 7 Menschen schlafen. Um diesem Mißstande zu begegnen, empfiehlt es sich, eine Anzahl fünfräumiger Wohnungen zu schaffen und zwar enthaltend 1 großen Wohnraum, 1 Küche und 3 kleine Schlafzimmer; auf diese Weise könnte allen sanitären und sittlichen Wünschen bezw. Erfordernissen Rechnung getragen werden." 1906 gesagt, 1907 getan. Als erste Kolonie des Bochumer Vereins wurde die Siedlung als kombinierte Anlage für Arbeiter und Beamte konzipiert. Im Erscheinungsbild markierte die malerische Architektur einen ästhetischen Aufbruch. Sie war als Werbung für den „Bochumer Verein" als Arbeitgeber gedacht. Die Schönheit der Wohnhäuser musste allerlei ausgleichen: Den Lärm der unmittelbar angrenzenden Produktionsanlagen, den Rauch aus den Schornsteinen, die Erschütterung durch die riesigen Schmiedehämmer, die Wolken roten Staubs aus der Stahlgewinnung, den Verkehr dicht vor den Fenstern.

Als es ab 1986 um die Sanierung ging, waren die störenden Begleiterscheinungen überwiegend Vergangenheit, das Stahlwerk hatte sein Gelände 1986 verlassen, nach und nach entstand dort der „Westpark" mit der „Jahrhundert-

Die „Kolonie Weststraße" des „Bochumer Vereins", wohl um 1914

Von Öko keine Spur, der Schornstein muss rauchen. Man fand das schön. Postkarte „Kolonie Weststraße", im Hintergrund der „Bochumer Verein", um 1914

halle". Wohnen bekam wieder Perspektive. Geblieben war allerdings die hohe, sogar erhöhte Verkehrsbelastung. Die Wohnanlage bestand nun aus den Arbeiterwohnbauten des Jahres 1907 und einigen Wiederaufbauten aus den frühen 1950er Jahren. Die Bausubstanz befand sich in äußerst schlechtem Zustand. 1986 schrieb das Ministerium für Stadtentwicklung, Wohnen und Verkehr des Landes NRW einen Landeswettbewerb „Ökologisches Bauen" aus. Die damalige

„VEBA-Wohnen" erstellte als Eigentümerin ein ökologisches Modernisierungskonzept und bewarb sich. Ökologische Modernisierung meinte damals: Weitgehender Erhalt der vorhandenen Bausubstanz, Ausschluss aller Baustoffe mit gesundheitlich belastenden Emissionen, geringstmöglicher Eingriff in die natürliche Umwelt, geringstmöglicher Energieverbrauch aus nicht regenerierbaren Energiequellen, Reduzierung der versiegelten Flächen, keine Veränderungen von Mieterstrukturen – also die Beibehaltung erträglicher Mieten. Obwohl das Öko-Dreieck nicht in die Denkmalliste eingetragen wurde, „da der Siedlungscharakter durch die Folgen der Luftangriffe im 2. Weltkrieg zu sehr gestört sei", beachtete man denkmalpflegerische Gesichtspunkte bei der Sanierung und bemühte sich um die Wiederherstellung des ursprünglichen Siedlungsbildes.

Die Kohlenstraße baute man verkehrsberuhigt und zur Wohnstraße aus und schloss damit das Öko-Dreieck an das umliegende Wohngebiet mit seinen Geschäften, Schulen und Kirchen an. Mit der Kernsanierung der Häuser gingen Grundrissänderungen in allen Gebäuden einher. Dazu gehörte die Verlegung der Schlafräume zum Innenhof hin und der Einbau von Wintergärten zur Straßenseite als Schallpuffer. Alle Fassaden erhielten eine doppelte Schalldämmung, bevor sie abschließend ihr historisches Aussehen zurückerhielten. Der Innenhofbereich konnte für parkende Autos geschlossen werden, er wurde durch Plätze für gemeinsame Aktivität und Kontakte aufgewertet. Im Zentrum des Dreiecks wurde zur Energieeinsparung und Schadstoffminderung eine Anlage aus Solarkollektoren und Brennwertkesseln errichtet, die zur Warmwasserversorgung der kompletten Siedlung dient. Sie wurde zum Wahrzeichen des Projektes.

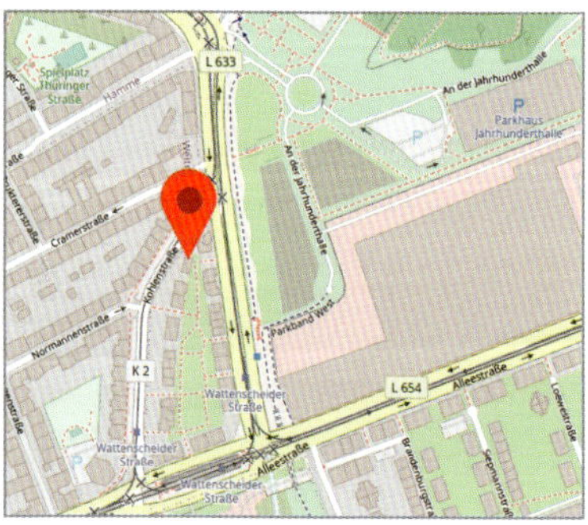

Kohlenstr. 1a – 31a,
44793 Bochum

24 | Hamme
Alles für die Kinder

Die Rasenfläche an den Autobahnauffahrten wirkt nicht wirklich wie ein Platz. Ein einsamer schwarzer Obelisk erinnert kraftlos daran, dass hier deutsche Sozialgeschichte geschrieben wurde. Eingraviert ist der eine berühmte Name „Adelbert Graf von der Recke-Volmerstein". Der „edle Stifter der Rettungsanstalt Overdyck" rettete Kinder. Aufgestellt wurde der Stein mit einst prunkvollen Zutaten im Oktober 1903, 25 Jahre nach dem Tod des Grafen.

In Hamme, in einem grünen Wiesental, lag früher sehr friedlich Haus Overdyck. Steinerne graue Ritter bewachten seine Zugbrücke. Zum Haus gehörten ein sonniger, blumenreicher Schlossgarten, eine klappernde Mühle am Marbach sowie ein kleiner Friedhof unter hohen Fichten. Hier begann 1819 die Geschichte des Rettungshauses Overdyck. Es wurde das erste eigens als rettender Ort für Kinder gegründete Haus in Westdeutschland und eines der ersten seiner Art in den damals deutschen Ländern. Heute scheint keine Institution der Kinder- und Jugendhilfe auf eine längere Geschichte zurückblicken zu können als die bis heute existierende „Stiftung Haus Overdyck".

Schon der Vater des auf dem Denkmal Geehrten engagierte sich für die ärmere Bevölkerung. Er hieß Freiherr Philipp von der Recke (1751–1840). 1791 baute er auf eigene Kosten eine Schule – in Sichtweite des Denkmals –, „worin Kinder aller Religionsverwandten unentgeltlich unterrichtet werden können". Das war in der Zeit hoher Schulgebühren und strikter Trennung von Religionen und Geschlechtern eine Sensation. Der Unterricht beschränkte sich dort auch nicht mehr nur auf die Vermittlung von Grundkenntnissen in Lesen, Schreiben, Rechnen sowie

Das mittlerweile eher schlichte Denkmal für Graf Adelbert von der Recke-Volmerstein (1791–1878)

biblischer Geschichte, sondern gewährte auch einen aufgeklärten Blick in die Welt und Umwelt. Der Reform-Unterricht schlug bei den Kindern gut an. Nachdem die Schule zehn Jahre bestand, berichtete der Dortmunder „Westfälische Anzeiger": „Wenn man als Reisender durch das Dorf Hamme bei Bochum kommt, könne man denken, man sei in einem anderen Lande, so verschieden sind die Kinder des Dorfes von den Kindern anderer benachbarter Dörfer." Mit seiner Schulgründung begeisterte Philipp von der Recke die ganze Nation.

Ein Sohn des Wohltäters war nun der „denkmalwerte" Adelbert von der Recke (1791–1878). Er arbeitete 1815 während der Befreiungskriege gegen die Napoleonische Besetzung Deutschlands in Lazaretten. Dort erlebte er das Chaos der zurückströmenden französischen Truppen sowie die erschütternde Not der Kriegs- und Nachkriegsjahre. Seit der französischen Revolution von 1789 hatten schreckliche Kriege in Europa zwischen Frankreich und seinen Nachbarstaaten getobt, durchziehende Truppen hatten das Land unglaublich verwüstet. Kältekatastrophen, Überschwemmungen, Missernten, Teuerungsjahre und Tierseuchen verursachten 1816, 1830, 1831, 1846 und 1847 immer wieder unvorstellbare Hungersnöte in Europa.

Flüchtlinge waren auf der Suche nach einer neuen Existenz im ganzen Land. Darunter waren nicht zuletzt unbegleitete minderjährige Flüchtlinge – der moderne Begriff passt genau auf die vielen verwaisten und verstoßenen Kinder. Zu den Fluchtwegen und Zufluchtszielen gehörten die frühen und wohlhabenden Industriegebiete um Hattingen, Wuppertal, Iserlohn, Solingen, Altena, Siegen und Mülheim. Auf den Wegen dorthin lag nicht selten der Landkreis Bochum mit dem Örtchen Hamme.

Dorthin kamen unbegleitet, verstoßen, minderjährig, ohne festen Wohnsitz und bettelnd der siebenjährige Theodor, die zwölfjährige Minna und die beiden dreizehnjährigen Wilhelm und Ferdinand. Sie waren 1816 die ersten Kinder, die Adelbert von der Recke bei sich im Haus Overdyck in Hamme aufnahm. 1819 hob er im Haus Overdyck die „Die Gesellschaft der Menschenfreunde in Deutschland" aus der Taufe und beschrieb deren Ziele so: „Lasst uns der elternlosen, dürftigen, bettelnden Kinder Vater werden. Lasst uns sie sammeln, die jetzt unsere Städte und Länder durchirren". Konzept war es, den Kindern nicht mit der damals üblichen Brutalität und Zwangsarbeit eine Zuchthaus-Erziehung anzutun, sondern sie im Sinne der Reformpädagogik zu unterrichten und ihnen eine Berufsausbildung zu ermöglichen. Die Umsetzung gelang. Schon 1822 wurde Overdyck zu klein für alle Kinder und man bezog zusätzlich die ehemalige „Abtei Düsselthal" bei Düsseldorf.

Haus Overdyck in einer hübschen Postkarten-Darstellung, um 1900

1791 richtungsweisende Reformschule, gebührenfrei und aufgeklärt, ab 1819 menschenfreundliche Rettungsanstalt für Waisenkinder

Haus Overdyck 1905 kurz vor seinem Zusammenbruch wegen Bergsenkungen und Austrocknung, Lage: Am Hangenden 13

Das Schulhaus von 1791 kurz vor dem Abriss 1939 an der Gahlenschen Straße 193, Ecke Dorstener Straße.

Das Gebäude von 1898 im Jahr 2015 kurz vor dem Abriss

Overdyck wurde dank bester adliger Netzwerkarbeit in Europa bekannt und erhielt reichlich Spenden. Fürsten, Minister, Knechte, Dienstmägde und Fabrikarbeiter, Kinder und Schulklassen sammelten in aller Welt für Overdyck. Zum Beispiel in Danzig, Dorpat, Bern, Edinburgh, Rotterdam und Paris. Zu den Spendern gehörten Friedrich Krupp aus Essen und mit Spenden für jüdische Pflegekinder Baron Rothschild aus Frankfurt. Sowohl Angehörige des preußischen Königshauses als auch „Seine Kaiserliche Hoheit Großfürst Nikolaus von Russland" sorgten für die Finanzierung der Rettungsanstalten. Wie es bei der Gründung formuliert wurde, entwickelte sich das Projekt weiter und weiter: „Der einzige Zweck, das vorgesteckte Ziel dieser Gesellschaft ist Menschenbeglückung und nicht allein auf Zeit, sondern für die Ewigkeit." Das Schloss Overdyck ist zwar längst verschwunden und das 1898 errichtete stolze neue Stammhaus, das hinter dem kleinen Denkmal für Adelbert stand, wurde 2015 abgerissen. Aber die Evangelische Stiftung Overdyck wirkt noch heute bedeutend in der Kinder-, Jugend- und Familienhilfe.

Bochum-Hamme 1823, die Lage von Haus Overdyck Am Hangenden 13 und des Waisenhauses an der Gahlenschen Straße 193.

Ohne sie hätte es mit dem Retten nicht geklappt: Gräfin Mathilde (1801–1867), Adelberts Ehefrau.

Die vergessenen Frauen

Adelbert war der allgegenwärtige Frontmann, sein Familien-Team blieb unerkannt in seinem Schatten. Adelbert berichtete, er habe zu Gott gesagt: „Wenn Du willst, dass ich heiraten soll, so musst Du mir Eine zuführen, denn ich habe keine Zeit dazu, Eine aufzusuchen." Und so geschah es. 1826 heiratete er Gräfin Mathilde von Pfeil- und Klein-Ellguth aus Schlesien (1801–1867). Das Paar bekam zehn Kinder. Mathilde verfügte nicht nur über die notwendigen Qualitäten im Hinblick auf die umfangreiche Wirtschaftsführung und Buchhaltung, sondern verstand es auch mit ihrer Intelligenz, ihrer Sachlichkeit und ihrem Einfühlungsvermögen, Konflikte zu entschärfen. Manche überspannten Pläne und autoritären Ansprüche ihres Mannes lenkte sie in vernünftige Bahnen. Sie erwarb homöopathische Kenntnisse und wirkte als sehr anerkannte Krankenpflegerin. Ihrer Selbständigkeit und unermüdlichen Arbeitsleistung – oft bis in die Nacht oder gar bis zur Ohnmacht – war es zu verdanken, dass die Anstalten in Overdyck und Düsselthal viele Krisen überstanden.

Zur Gründungsgruppe gehörten außer Adelbert und seiner Frau sein Vater Philipp sowie seine Geschwister Gotthard (1785–1857), Werner (1795–1893) und Ida (1801–1870). Insbesondere aber seine Schwester Jenny (1798–1828)! Seit 1820 bestand die königliche Genehmigung, Sachspenden als Gewinne in einer für die Rettungsanstalt sehr ertragreichen Lotterie zu verlosen. Diese jährlich aufwendigen nationalen Verlosungen organisierte Gräfin Ida. Sie steuerte von Overdyck aus darüber hinaus den Verkauf der Produkte der Rettungsanstalten über einen lizenzierten Versandhandel. Sie lenkte insgesamt einen schwunghaften Geschäftsbetrieb, „wie er in den größten Handelshäusern nicht zu finden sei", hieß es von amtlicher Seite. Sie leistete einen wesentlichen Beitrag zur Rettung der Kinder.

Zeitsprung. 1936, also mitten in der NS-Zeit, übernahm Schwester Klara Gößling (1888–1972) die Heimleitung in Bochum. Sie gehörte der Schwesternschaft der Inneren Mission an. Es war nicht zuletzt ihr Verdienst, dass der Name Rettungsanstalt erneut seine Berechtigung zeigte. Keines der zahlreichen gehandicapten Kinder unter ihren Schutzbefohlenen wurde Opfer der „Euthanasie", also der NS-Mordaktion an geistig oder körperlich eingeschränkten Menschen. Entscheidend war auch der Einsatz Klara Gößlings, als die 66 Kinder und ihre Betreuer 1943 aus den vom Luftkrieg bedrohten Bochum längerfristig im weniger gefährdeten Pommern untergebracht wurden. Sie kamen dort 1945 mit der Befreiung vom NS-Regime unter polnische und russische Verwaltung. Die Polen und Russen haben dem heimatlosen Heim geholfen. Das ist beeindruckend. Aber im September 1945 stockte die polnische Lebensmittelversorgung und die Kinder hungerten. Schwester Klara fand den in der Region kommandierenden russischen General, aber es gab erhebliche Sprachprobleme. Sie berichtete: Es „gab mir einer der Offiziere ein Büchlein deutsch-russisch. Ich sollte Wörter unterstreichen. ‚Kinder' und ‚Hunger' fand ich, setzte davor die Zahl 70." Die Versorgung wurde danach umgehend wieder sichergestellt und letztlich sogar die Heimfahrt der Kinder organisiert. Das war eine ungeheuer bewundernswerte Leistung Klara Gößlings und ihres Teams für diese große Gruppe von Kindern. Endlich wieder in Bochum hieß es: „Kein Kind ist infolge von Krieg und Bomben, Kampf, Flucht und Not verlorengegangen, kein einziges."

Ohne sie hätten die Kinder die NS-Zeit und den Krieg nicht überstanden: Schwester Klara Gößling (1888–1972), Chefin des Hauses 1936 bis 1953

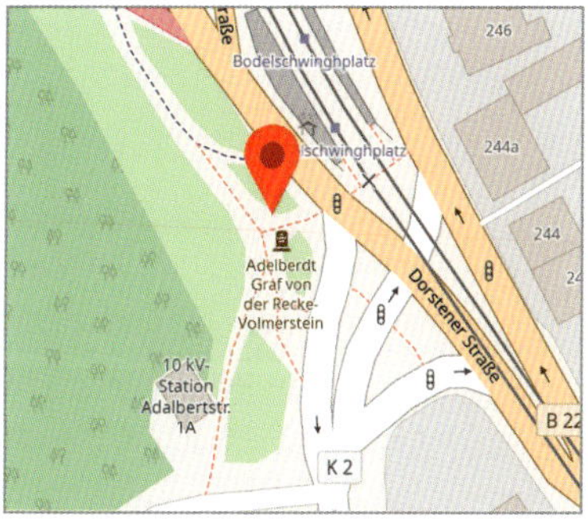

Gahlensche Str. 237,
44809 Bochum

25 | Querenburg
Gestapelte Bungalows

Welch ein weithin sichtbarer Berg von Wohnungen! Man muss schon zweimal hingucken, bevor man die Raffinesse des Gebäudes enträtseln kann. Das Terrassenwohnhaus „Girondelle" für Angestellte und Arbeiter aus der Universität Bochum und dem Opel-Werk erregte nicht nur 1978 das Interesse des New Yorker „Museum of Modern Art" für eine Architekturausstellung, sondern begründete einen regelrechten Tourismus in Querenburg. In den 1960er und 1970er Jahren waren die Baustellen der brandneuen Universität und ihrer Rahmenstadt für 25.000 Einwohner Sehnsuchtsort internationaler Expertengruppen. Es wird Zeit, erneut hinzuschauen.

Die Planung für das Terrassenwohnhaus Girondelle stammt von den Architekten Albin Hennig (geb. 1931) und Dieter Dietrich (1935–1988) aus Nürnberg. Bauherr war die Vereinigte Baugesellschaft m. b. H. Bochum-Langendreer, eine Genossenschaft. Gebaut wurde von 1967 bis 1971. Auffällig sind zunächst die großen Pflanztröge auf den Terrassen und Balkonen. Sie dienen der Gestaltung. Sie sind aber auch Barrieren, die den Blick auf die darunter liegenden Terrassen beschränken. Die Terrassennutzer können also ins Freie blicken, ohne sich von Nachbarn beobachtet zu fühlen. Zu entdecken gibt es auch die allmähliche Wiederherstellung des hübschen ursprünglichen Farbkonzeptes: Als Kontrast zum silbergrauen Sichtbeton wählten die Architekten Fenster mit ockerfarbenen Rahmen und hellblauen Füllungen.

Der besonders ins Auge springende zerklüftete Aufbau ist selbstverständlich eine Gestaltungsidee. Die Vor- und Rücksprünge erzeugen ein abwechslungsrei-

Das Wohnhaus Girondelle im Jahr 2022

ches Lichtspiel und changierende Graustufen. Wenig bekannt ist, dass der Aufbau eng verbunden ist mit der sozialen Utopie vom egalitären, sozial versöhnenden Wohnen. Anders als der kleinteilige historische Baubestand sollten die neuen Großbauten Wohnungen für verschiedene Schichten in einem Komplex gemeinschaftsstiftend zusammenfassen. In diesem Zusammenhang wurde die „Girondelle" als sozialer Wohnungsbau mit Mietpreisbindung errichtet. In ihrer qualitätvollen, höchst individuellen Architektur sollte sie vorbildlich werden. Die Architekten entwickelten die unregelmäßige Struktur, um für die unterschiedlich gestellte soziale Bewohnerschaft vielfältige individuelle Grundrisslösungen zu entwickeln. Das Angebot der insgesamt 211 Wohneinheiten reicht von der Kleinwohnung mit Wohnschlafraum bis zur großen Familienwohnung mit Wohnzimmer, Esszimmer und drei Schlafzimmern. Vereint werden sollten die „ökonomischen Vorteile des Wohnblocks mit der Individualität des Einfamilienhauses" – sozusagen in gestapelten Bungalows.

Das Wohnhaus Girondelle um 1971

Seit 2019 Baudenkmal, wird das Gebäude nach und nach wieder restauriert – hier ein blau betontes Fenster aus den Anfangszeiten als Vorbild für die kommende Ausstattung.

Dieser Wohnhaustyp hat ein berühmtes Vorbild: Der Architekt Moshe Safdie hatte die internationalen Diskussionen um solche dreidimensional gestaffelten Wohnstrukturen wesentlich befeuert mit seinem Wohnkomplex „Habitat 67" für die Weltausstellung im kanadischen Montreal 1967. Der skulpturale Baukörper aus vorgefertigten, versetzt gestapelten Betonkuben wurde international publiziert und war sicher auch den Architekten bekannt, als sie das Terrassenwohnhaus Girondelle entwarfen.

Die Modernität der Architektur war ein Zeichen des neuen Bochum. In Folge der Bergbaukrise hatte die Stadt ab den 1960er Jahren seinen Strukturwandel vorangetrieben. Das begann 1956 mit der Ansiedlung des größten deutschen Fernsehwerks Graetz, eines OPEL-Werks 1960 und dem erfolgreichen Werben um den ersten Hochschulstandort im Ruhrgebiet 1961. Damit versuchte die Stadt sich aus der einseitigen Abhängigkeit von der Schwerindustrie zu lösen.

Die „Girondelle" ging später aus dem Eigentum der Genossenschaft in den Besitz eines Hedgefonds über. Dessen Interesse lag leider nicht auf Bauunterhaltung und Mieterpflege, das Gebäude kam in Verruf. Seit etwa 2018 geht ein neuer Eigentümer wieder sorgfältiger mit dem Bestand um und saniert den Komplex nach und nach auch unter Berücksichtigung des Denkmalschutzes. Das Terrassenwohnhaus Girondelle besitzt mit seiner Hochschulnähe, den Terrassen mit Stadtblick sowie seiner spektakulären Architektur wieder Potential und Perspektive. Vor allem aber ist es ein umweltschonendes Wohnmodell, dass in die Zukunft weisen sollte: Die Stapelung von angenehmen Wohnungen wirkt nachhaltig gegen den flächen- und ressourcenfressenden Eigenheimbau. Für ein schöneres Wohnen in einem gerechteren Leben.

4. Obergeschoss

Links und Rechts:
2-Raum-Wohnungen

Mitte:
4-Raum-Wohnung
5-Raum-Wohnung

Schwarz: zugehörige Terrassen

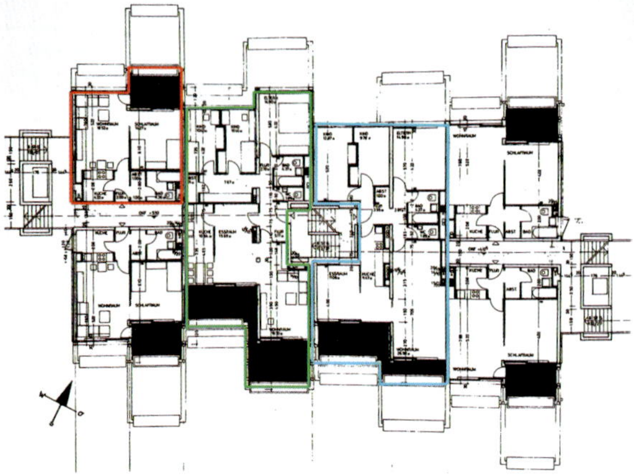

Jedem seine Terrasse. 211 Wohnungen, von der Kleinwohnung bis zur großen Familienwohnung mit fünf Zimmern

Ein berühmter Vorläufer war der Wohnkomplex „Habitat 67" für die Weltausstellung im kanadischen Montreal 1967.

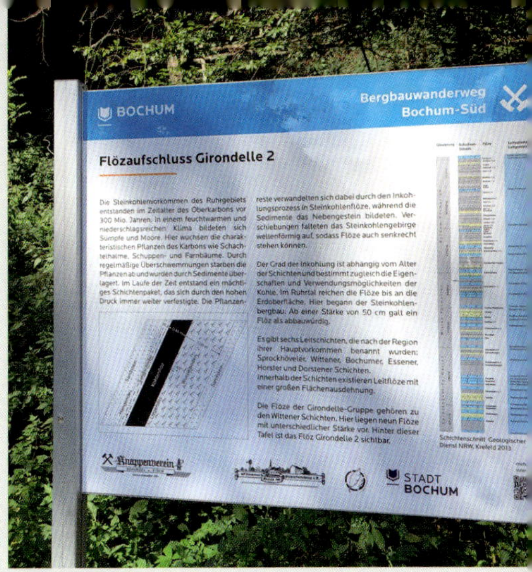

Der Name „Girondelle“ stammt aus dem Bergbau.

Unter Geiern

Attraktiv wird die „Girondelle“ auch durch ihren eleganten französischen Namen. Allerdings stammt der Name nicht aus dem Französischen. Girondelle ist der Name einer Gruppe von Kohleflözen unter dem Gelände, die in einem Tal bei Essen-Werden an der Ruhr wohl erstmals abgebaut wurden. Im damaligen Plattdeutsch wurde ein Tal als „delle“ bezeichnet. In dem Tal lebten wohl einige der in Deutschland erst um 1860 ausgestorbenen Geier, die „giren“. Aus dem Geiertal wurde erst „Gyrendel“, dann „Girondelle“. Wer sich das näher anschauen möchte, kann ein ausgeschildertes Girondelle-Flöz im südlichen Bochum an der Oveneystraße betrachten.

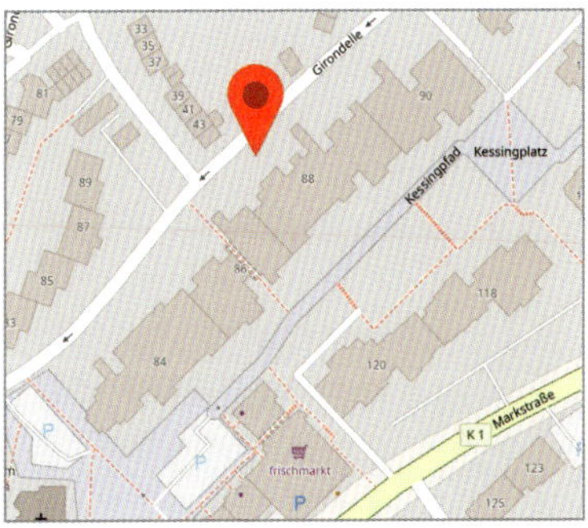

Girondelle 84,
44799 Bochum

26 | Weitmar
Wasser-Spiele

Man sollte meinen, die freundlich-bärtige Maske über dem Portal beträfe das Metier des Hauses. Die stolze Villa an der Hattinger Straße beheimatet eine weltweit bekannte Kultureinrichtung. Das Deutsche Forum für Figurentheater und Puppenspielkunst e. V. (dfp) fördert das Puppen-, Figuren- und Objekttheater in ganz Deutschland und trägt es in die Welt.

Dazu gehören neben dem klassischen Puppentheater und dem Schauspiel mit Figuren, Puppen, Masken auch – Achtung Begriffsreichtum! – das Objekt- und Materialtheater, visuelles Theater, Schattentheater oder Trickfilm. Darunter sind avantgardistische, interdisziplinäre und solche Formen, die sich eindeutigen Spartenzuschreibungen verweigern, Auseinandersetzungen mit Robotik, Cyberkunst, installative und performative Anordnungen, Multimedia-Inszenierungen und Formen des New Materialism.

Zwei mitreißende Festivals veranstaltet das Forum für Figurentheater. Die sind unterhaltsam, experimentell, zeitgenössisch, politisch, humorvoll, nachdenklich: Das Figurentheater der Nationen – FIDENA – versammelt seit 1958 alle zwei Jahre herausragende Produktionen des internationalen Figurentheaters in Bochum und seinen Nachbarstädten. Gezeigt wurden inzwischen weit über 1.000 Vorstellungen aus 45 Ländern. Der Fritz-Wortelmann-Preis der Stadt Bochum, kurz der FRITZ, geht seit 1959 ebenfalls alle zwei Jahre an Figurentheaterproduktionen des professionellen Nachwuchses, von Amateuren und Jugendclubs aus ganz Deutschland.

All das findet verteilt auf Bühnen und Plätzen in Bochum und seiner Nachbarstädte statt. In der Villa wäre dafür kein Raum. Hier sind einige Büros und Gäste-

Die stolze Villa birgt das weltweit bekannte Deutsche Forum für Figurentheater und Puppenspielkunst.

Neptun, Gott des Meeres und der fließenden Gewässer

Es wird bunt: die Eröffnungsparade der FIDENA 2022

zimmer. Vor allem aber bieten Bibliothek, Mediathek und Archiv sehr reichhaltiges Material und qualifizierte Beratung, um Zugänge zur wissenschaftlichen Auseinandersetzung mit dem dankbaren Thema Figurentheater zu schaffen und Forschende für die Beschäftigung zu begeistern.

Nun ist das 1950 gegründete Institut zwar schon recht alt. Dass die Villa aber noch älter sein muss, erkennt man auf den ersten Blick. Über das unsichtbare Geheimnis der Villa wacht die erwähnte Maske, das freundlich bärtige Gesicht unter einem wohl mit Meeresalgen und Muscheln besetzten Helm. Es ist keine Maskerade für das Haus des Figurentheaters.

Tatsächlich geht es hier um Neptun, den Gott des Meeres und der fließenden Gewässer. Mit seiner Darstellung wollten die Architekten des Gebäudes 1903 auf eine verborgene Funktion hinweisen: Die Villa ist ein Wasserturm! In der oberen Hälfte des Gebäudes stehen gut verborgen zwei riesige Wasserbehälter, die jeweils 1.000 Kubikmeter Wasser fassen. In den darunter liegenden Räumen befanden sich Wohnungen für Wasserwerker. Hier wohnten zum Beispiel 1929 ein Rohrmeister, Rohrleger, Arbeiter, Angestellter und ein Volontär zum Teil mit ihren Familien. Die edle Hülle um eine profane technische Konstruktion passt zu den vielen Villen, die in der Zeit um 1900 an der Hattinger Straße errichtet wurden. Die von der Bochumer Firma Heinrich Scheven – die seit 1874 bis heute existiert – entwickelte Bauweise ist eine Sonderform, von der nur wenige Exemplare entstanden. Sie sind daher von besonderem baugeschichtlichem Wert. Bis zum Ende der 1950er Jahre dienten die Tanks zum Mengen- und Druckausgleich im Bochumer Leitungsnetz. 1973 übernahm die Stadt Bochum das Gebäude und sanierte es bis 1983. Seit 1989 steht die Villa unter Denkmalschutz.

Die Wasserturm-Villa liegt wie üblich für Wasserhochbehälter auf einer Anhöhe, um den notwendigen Wasserdruck zu gewinnen. Gebaut wurde sie für ein weitreichendes neues und zuverlässiges Leitungssystem. Denn in den Jahren zuvor waren durch den Bergbau die Brunnen versiegt und das zum Ersatz von den Zechen gelieferte Wasser war schlecht, wenn es überhaupt kam. Zudem benötigte die steigende Zahl der Bewohner und Unternehmen im Raum Weitmar und Umgebung immer mehr Wasser. Als sich dann auch noch herausstellte, dass das lieferbare Wasser für die Bergleute zu teuer wurde, sprach man von einem regelrechten Wassernotstand. Zu Abhilfe entstanden ab 1902 die „Verbands-Wasserwerke". Die bauten dann die Wasserturm-Villa.

Unverdient wenig beachtet wird das links neben dem Hochbehälter 1926 entstandene schöne Verwaltungsgebäude der Verbands-Wasserwerke im Stile des

Wasserbehälter, die jeweils 1.000 Kubikmeter fassen

Das Verwaltungsgebäude der Wasserwerke von 1926

Die Initiale „VW“ im Portal

Art Deco. Über seinem imposanten Portal finden sich die entsprechenden Initialen „VW". Mittlerweile ist es ein Wohnhaus. Wasserturm-Villa und Verwaltung stehen zudem in einem größeren Zusammenhang mit Angestellten- und Beamtenhäusern der Verbands-Wasserwerke an der Schloßstraße und der Heinrich-König-Straße. Ein Rundgang durch diese „Wasserlandschaft" lohnt sich. Fassen wir zusammen – die Neptun-Maske wachte und wacht über zwei menschliche Grundbedürfnisse: Wasser und Kultur.

Das Verwaltungsgebäude der Wasserwerke im Jahr 1926

Der einladende Forschungsort Bibliothek in der Wasserturm-Villa

Erfolgreicher Einsatz für das Figurentheater

Dass Bochum heute ein Zentrum der Figurentheaterkunst ist, verdankt die Stadt dem Theaterwissenschaftler Fritz Wortelmann (1902–1976), der das Puppentheater aus dem Stadium der Kasperlevorführungen zu einem hoch entwickelten Zweig moderner Theaterkunst herausbildete. Fritz Wortelmann stammt aus dem heutigen Bochum- Werne. Er gründete sein Leben lang sehr erfolgreiche Kultur-Vereine, Verlage und Kulturzeitschriften. Er baute schon früh sein eigenes Puppentheater aus und war 1929 Mitinitiator der „Union Internationale Des Marionettes" in Prag. In der NS-Zeit in seiner Arbeit bedrängt, schuf er 1950 in Bochum das „Deutsche Institut für Puppenspiel", dessen Direktor er bis zu seinem Tode blieb. Mit der 1958 gegründeten FIDENA arbeitete er auch an der Völkerverständigung. So waren mitten im „Kalten Krieg" Bühnen aus der UDSSR und anderen „Ostblock-Staaten" zu Gast. Entsprechend hieß es in einem Nachruf 1976: „Mit seiner ganzen Kraft und Energie hat er so dem Gedanken des Friedens gedient."

Seit 1997 bis 2024 leitet Annette Dabs (geb. 1961) das Deutsche Forum für Figurentheater. 1997 bis 2023 war sie zudem Vizepräsidentin der Union Internationale de la Marionnette UNIMA. Die diplomierte Opern- und Schauspielregisseurin studierte auch Kulturmanagement. 1993 übernahm sie die Leitung des Theaters im Rathaus in Essen. Annette Dabs führte Regie an verschiedenen Stadttheatern und in der freien Szene. Diese Rüstzeug wusste sie für das Figurentheater-Forum mit großem Schwung, Mut und Kenntnisreichtum zu nutzen. Der Ausbau der Bibliothek, Dokumentation und Forschung lagen ihr erfolgreich am Herzen. Die FIDENA rückte durch ihre hervorragende Kuration zu den führenden Kulturereignissen in Deutschland auf.

Opern- und Schauspielregisseurin Annette Dabs führt das Haus seit 1997 bis 2024

Die Villa Wortelmann in Bochum-Werne bezog die Familie 1910.

Fritz Wortelmann – links – hat 1962 Johannes Schröder, die Bochumer Schauspielerin Liesel Alex und den Bochumer Schauspieler Walter Kaltheuner zu Gast.

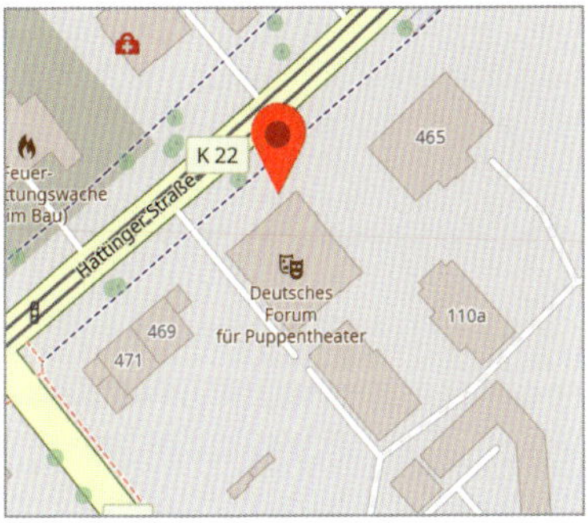

Hattinger Str. 467,
44795 Bochum

27 | Wiemelhausen
Mit der Gefahr spielen

Die Polizeiwache Bochum Südost. Hier werden gefährlichste Situationen spielerisch gemeistert. Aber anders als man denkt. Das Haus an der Universitätsstraße drängt sich in seiner Architektur nicht auf. Über den Inhalt des Gebäudes scheint es auf den ersten Blick keine Illusionen zu geben. Man erwartet hinter Sicherheitsschleusen die Polizeiwache, zahlreiche Büros, diverse Kammern für die polizeiliche Ausrüstung sowie sonstige Nebenräume aller Art. Stimmt alles.

Aber einen Raum erwartet man wohl nicht: die Theaterbühne. Auf der faszinieren fabelhafte Puppen Jahr für Jahr eine sehr große Zahl von Vorschulkindern. Ziel des Polizeieinsatzes im Theater mit seinen 70 Sitzplätzen ist es, die Kinder – und möglichst ihre Eltern – spielerisch auf Gefahren im Straßenverkehr hinzuweisen und über ein sicheres Verhalten zu informieren. Die Begeisterung der Kinder für das Puppentheater ist nach wie vor ungebrochen und auch nicht durch moderne Medien verloren gegangen. Die Kinder identifizieren sich mit den Figuren, lassen sich in die Theaterstücke einbinden – und lernen gern, mit dem Verkehr sicher umzugehen. Und das seit über 70 Jahren!

„Der Verkehrskasper kommt" hieß es erstmals 1953. Polizist Günther Thomas hatte die Möglichkeit und Notwendigkeit erkannt, Kindern durch Puppen spielerisch die Gefahren im Straßenverkehr zu erklären. Es war die Zeit steigender Motorisierung der bundesdeutschen Bevölkerung. Rund 21.000 Kinder verunglückten in diesem Jahr auf dem Schulweg oder sonstigen Wegen zu Fuß. Die Zahl stieg bis auf einen Höchstwert von 27.000 im Jahr 1973. Auch im Jahr 2021 ist

Das Polizeipuppentheater in der Polizeiwache Südost,
die Unbekannte in der großen Gruppe Bochumer Bühnen

Mit dem Verkehrskasper und seinem
Handpuppenkollegium fing es 1953 an.

Seit über 70 Jahren ein außergewöhnlicher und beliebter Lernort für Vorschulkinder

Magisch im Park: das Bühnenbild 2023

**Plakat 2023: Halt! Stopp! am Bordstein.
Die Tiere im Park lernen vom Bordstein.**

die Zahl von 5.000 verunglückten Kinder dem Ziel noch fern, alle Kinder vor dem Verkehr zu retten. Die polizeiliche Arbeit der Verkehrsunfallprävention per Puppenbühne ist und bleibt also ein unverzichtbar effektiver Beitrag zur Bekämpfung von Kinderunfällen.

Anfangs spielten die Puppenspieler ganz klassisches Kasperletheater mit Puppen an je einer Hand, die über Kopf im Guckkasten geführt wurden. Das war anstrengend und irgendwann altmodisch. 1995 ging man mit steigender Begeisterung zum Figurentheater auf einer Tischbühne über. Ein bis drei Jahre wird jedes Stück gespielt. Jede Inszenierung der selbstentwickelten Stücke bietet den Augen und Herzen der Kinder neue fröhliche, ernste, bunte, dunkle und immer lebhafte Puppen. Die werden zum Teil gekauft. Die Stars der Bühne werden aber von kollegialen Talenten ehrenamtlich „hinter der Bühne" gebaut – wie käme man sonst zum Beispiel an einen Bordstein mit beweglichen Augen und Mund?

Das Theaterteam der Bochumer Puppenspieler besteht schon immer aus Polizistinnen und Polizisten, die sich für diese Aufgabe gemeldet haben. Sie halten und hielten sich stets auf dem aktuellen Stand des Puppenspiels, 1987 etwa durch Kurse bei Gisela und Dieter Kieselstein, bekannt durch den Li-La-Launebär. Oder 1994 durch Eindrücke im Theater Laku Paka sowie 2013 durch Unterstützung des Deutschen Forums für Figurentheater in Bochum. 2023 besteht das Team aus drei Frauen und einem Mann, alle sind Polizeibeamte der Polizeiunfallprävention und dem Opferschutz. Das Puppenspiel ist nur ein Teilbereich ihrer Präventionsarbeit.

Früher waren die Puppenspieler mit einer mobilen Bühne in den Kindertagesstätten in Bochum, Herne und Witten unterwegs. Das sind die drei Städte, die zum Polizeipräsidium Bochum gehören. Teilweise traten die Spieler vor fast tausend Kindern auf. Ende der 1990er Jahre fand die Puppenbühne in den Polizeigebäuden am Gersteinring ihr Zuhause. Seit 2008 ist das Theater im damals neu errichteten Gebäude der Wache Südost an der Universitätsstraße beheimatet. Die Verkehrsbetriebe BOGESTRA und Herne-Castrop-Rauxel ermöglichen den Kindertagesstätten eine kostenfreie Anreise.

In NRW gibt es circa 33 Polizeipuppentheater, davon aber nur acht mit einem festen Theater. Nur in Hamburg gibt es mit dem dort 1948 gegründeten Polizeipuppentheater eine ältere Einrichtung als in Bochum. Bochum hat auf jeden Fall eines der ältesten und größten Polizeipuppentheater. Über diese erfolgreiche und hoch engagierte Pädagogik hinaus ist es allen Beteiligten bewusst, dass nicht die Kinder dem Verkehr angepasst werden sollten, sondern der Verkehr den Kindern.

Zeitlos sympathisch: der Polizeiarzt

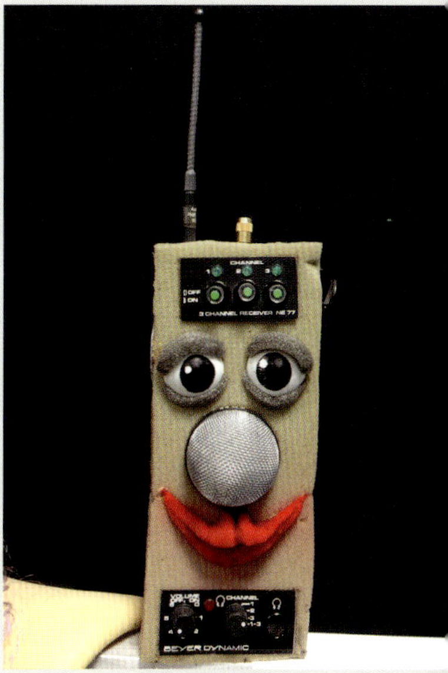

Auch Technik lässt sich verpuppen.

Universitätsstraße 108,
44799 Bochum

Für den dritten Blick
Quellen und Literatur

01 Bochums Drehbuch

– Karl Brinkmann: Geschichte des Brauwesens und der Brauindustrie in Bochum. In: Vereinigung für Heimatkunde e.V., Hg.: Bochum Ein Heimatbuch. 6. Band. Bochum 1954.

02 Russlands Bochumer

– Johannes Volker Wagner, Bernd Bonwetsch, Wolfram Eggeling, Hg.: Ein Deutscher am Zarenhof. Heinrich Graf Ostermann und seine Zeit. 1687–1747. Essen 2001.
– Bernhard Kleff: Graf Ostermann. In: Vereinigung für Heimatkunde, Hg., Bernhard Kleff, Red.: Bochum. Ein Heimatbuch. 4. Band. Bochum 1938.

03 Jakobs Grab

– Marco Rudzinski: Jacob Mayer und Bochum. Ein Beitrag zu einem schwierigen Verhältnis. In: Bochumer Zeitpunkte, Heft 31 (Februar 2013), Bochum S. 20-36.
– Enno Neumann: Ein Grabmal erzählt Bochumer Geschichte. Jacob Meyer und der Bildhauer Wilhelm Gardy. In: Johannes Volker Wagner, Hg.: Das Stadtarchiv. Essen 2004, S. 145-156.
– Walter Bertram: Jacob Mayer. Der Erfinder des Stahlformgusses. Berlin 1938.

04 Heimliche Kammerspiele

– Hans H. Hanke, Artikel: Künstler Ignatius Geitel. In: Saur. Allgemeines Künstlerlexikon (AKL), Bd. 51. München / Leipzig 2006, S. 148f.
– Uwe-K. Ketelsen: Premieren in Bochum 1919–1994. Herne 1994, S. 117-141.
– Ursula Fries: „... Für die schwer arbeitende Bevölkerung". Kulturpolitik in Bochum 1945 bis 1960. Bonn, Berlin 1992, S. 142, 160.
– Kurt Dörnemann: Schauspiel in Bochum. Bochum 1963, S. 126-135.
– Interministerieller Schulbauausschuss der Landesregierung Nordrhein-Westfalen, Hg.: Neue Schulbauten in Nordrhein-Westfalen. Köln 1961.
– Hans Linz, Hg., Josef Hellrung, Red.: Schöne Bauten 1945–1957. Bochum o.J. (1957), S. 12, 47 (Bochum baut, Heft 6. Sonderheftreihe der Bochumer Woche).

05 Kurven, die die Welt bedeuten

– Hans H. Hanke: Architektur und Stadtplanung im Wiederaufbau. Bochum 1944–1960 Münster 1992, S. 71-75
– Der Pelikan. Mitteilungsblatt der Firma Günther Wagner. Heft 57. Hannover 1956.
– Verein der Freunde des Bochumer Theaters e.V., Hg.; Günter Skopnik, Red.: Zur Eröffnung des Schauspielhauses Bochum. Bochum 1953.

06 Griff in die Geschichte

– Alexander Lueg: Das Stadtbad Bochum. Mehr als nur ein Hallenbad. Bochum 2021: https://www.mehr-als-nur-ein-hallenbad.de/ (2023)
– Hans H. Hanke: Ein Badeanzug im Bochumer Blau. Erinnerung an das Stadtbad Bochum. In: Ingrid Wölk, Hg.: Hundertsieben Sachen. Bochumer Geschichte in Objekten und Archivalien. Ausstellungskatalog Stadtarchiv / Zentrum für Stadtgeschichte Bochum. Essen 2017, S. 452-457, 665.
– Holger Klein-Wiele: Kinoarchitektur der fünfziger Jahre im Ruhrgebiet. Berlin 2006.
– Bernhard Kerber, Hg.: Bochums Bauten 1860–1940. Bochum 1982.
– Wilhelm Herbert Koch: Bochum dazumal. Düsseldorf 1974, S. 75.
– Bochumer Blätter. Bochum. Nr. 42. Bochum 1962.
– Lueg Bochum. In: John Henry Mueller, Werner Stitz, Hg.: Wirtschaftsspiegel deutscher Städte. Bochum. Essen 1952, (o.S.).

07 Dom Polski

– Porta Polonica. Dokumentationsstelle zur Kultur und Geschichte der Pol:innen in Deutschland: www.porta-polonica.de.
– Dietmar Bleidick: Bochum, das institutionelle Zentrum der Polen in Deutschland. In: Bochumer Zeitpunkte 33. Bochum 2015, S. 3-9.
– Wulf Schade: Kuznia Bochumska – die Bochumer (Kader-)Schmiede. In: Bochumer Zeitpunkte Nr. 17. Bochum 2005, S. 3-21.
– Anna Poniatowska, Stefan Liman, Iwona Krężałek, Jerzy Marczewski, Hg.: Związek Polaków w Niemczech 1922–1982. Wydawnictwo Polonia 1987 (Bund der Polen in Deutschland).

08 Mosaik der Erinnerung

– Stadtarchiv Bochum: Bochumer Anzeiger, 02.04.1940: „5 Tonnen Bronze auf einen Hieb".
– WAZ Bochum: Artikelserie zur Geschichte des Kunstmuseums im November 2004.
– Enno Neumann: Von der Kaiserlinde zum Heldenhain. Band 2. Bochum 2010, S. 555-598.
– Bestand Kunstmuseum und Hanke: Brief Mathilde Muckhoff Bochum um 2004. Bochum
– Freundliche Auskünfte und Unterlagen Familie Eickhoff, Bochum.

09 Der Bogen

– Dolf Mehring: Jugend und Amt. Die Entwicklung der Kinder- und Jugendhilfe am Beispiel einer westfälischen Großstadt im industriellen Herzen Deutschlands. Teil 2 1945–2021. Norderstadt 2021.
– Heiko Koch: Zentrums-Bewegung Bochum 1981/82. In: Bo-Alternativ. Bochum 2021.
– Dietmar Kesten: „Putz" – Zeitung aus dem autonomen Kulturzentrum. (Bochum 1983).
– Bochumer Eisenhütte Heintzmann GmbH & Co.: Heintzmann Portrait. 125 Jahre Heintzmann. Bochum o. J. (1976).
– Gustav Hempel: 100 Jahre Bochumer Eisenhütte Bochum. Bochum 1951.

10 Vom Weltuntergang

– Hans H. Hanke: Ein Westfale in Australien – der Bildhauer Gustav Pillig. In: Denkmalpflege in Westfalen-Lippe. Zeitschrift hg. v. Westfälischen Amt für Denkmalpflege. Münster Heft 2 / 1999, S. 68-70.

11 Der alte Seebär

– Stadtarchiv Bochum, San Francisco Examiner 14.06.1925, Bochumer Anzeiger 27.06.1931, 23.01.1934, 08.02.1934, 19.02.1934, 07.06.1934, 07.06.1934, 15.01.1937.
– Wilhelm Bündemann: Altenbochum gestern, heute. Bochum 1978, S. 164-165.

12 Herz und Krone

– Max Florian Kühlem: Forum gegen Unrecht. In: bodo. Das Straßenmagazin. Heft 09-2023, S. 32-34. Dortmund 2015.
– Knut Stegmann: Bochum. Die Trauerhalle Ost auf dem Zentralfriedhof Freigrafendamm. In: Denkmalpflege in Westfalen-Lippe. Heft 1-2015. Münster 2015, S. 42-45.

13 Arme Edith

– Stadtarchiv Bochum, Bochumer Anzeiger: 11. Mai 1930 Ein Brunnen in Werkstein als Ehrenmal / 6. September 1930 Einweihung des Gedenkbrunnens im Ehrenfelder Schrebergarten. / 9. September 1930 Gedenkfeier im Schrebergarten Ehrenfeld.
– Bochumer Anzeiger 17.01.1929 (Unfallstatistik 1928), 06.04.1929, 15.01.1933, 13.01.1938, 06.09.1938, 10.11.1943.
– Paul Küppers: Bochum unter fremder Gewalt in den Jahren der Ruhrbesetzung 1923–1925, September 1930 Bochum 1930, S. 191-194.

14 Wild sollt Ihr leben

– Hans H. Hanke: Die Erziehungsberechtigten. Die Stadtbauräte Hermann Bluth, Franz Knipping und Karl Elkart in Bochum. In: Markus Jager, Wolfgang Sonne, Hg.: In Großstadt gestalten. Stadtbaumeister an Rhein und Ruhr. Berlin 2016, S. 76-95.
– Gert Gröning, Joachim Wolschke-Bulmahn: Grüne Biographien. Biographisches Handbuch. Berlin Hannover 1997, S. 393, 394.

15 Der gute und der böse Löwe

– Bundesministerium für Verkehr, Bau und Stadtentwicklung, Hg., Claudia Büttner: Geschichte der Kunst am Bau in Deutschland. Berlin 2011.
– Kortum-Gesellschaft Bochum e.V., Hg., Hans H. Hanke, Red.: Tag des offenen Denkmals in Bochum 13. November 1998. Broschüre Bochum 1998.

16 Perfekt unvollendet

– Hans H. Hanke, Vortrag zur Kirche 20.03.2018, Auskünfte von Mitgliedern des Gemeinderates, die eine Sanierung der Kirche begleitet hatten.
– Rüdiger Jordan: Sakrale Baukunst in Bochum. Bochum 2003, S. 60-61.

17 Kabine Zwei bitte

– Stadtarchiv Bochum: Adressbücher 1908–1990 / Bochumer Anzeiger 11.11.1929, 02.12.1930, 27.01.1931, 21.06.1932, 17.11.1932, 15.11.1939 / Theatergemeinde Bochum Heft 1, 1954, 1956/1957.

18 Aufstieg in die Vergangenheit

– Bestand Hanke, Sammlungsbestand „Jobsiade" in der Freiherr-vom-Stein-Schule, den Kammerspielen und auf Kemnade international 1976 / 77 – Abgabe ins Stadtarchiv Bochum geplant.

19 Das doppelte Lottchen

– Volker Mende: „Enke-Brunnen" in Bochum. In: Cottbuser Heimatkalender 2007, S. 42f.
– Hans H. Hanke: Der Brunnen im Rosengarten des Stadtparks. In: Bochumer Zeitpunkte Nr. 20. Bochum 2007, S. 48-49.
– W. Löhr: Die Warten der Westfälischen Berggewerkschaftskasse. Märkischer Sprecher 12.03.1925. In: Georg Braumann: „... vor dem Vergessenwerden möchten wir sie bewahren ..." Einiges über Bochum in Bochumer Zeitungen bis 1932. Bochum 2006, S. 451-453.

20 Eine Scheibe Weltkulturerbe

– Stadtarchiv Bochum: ZGS V B8/20 Friedrich Wiebke: 3 Jahre Westfälische Bäcker-Fachschule. Bochum 1929; ZGS V B8 20-00002 Bild Bäckerfachschule 1929; Bochumer Anzeiger BA-1929-07-23; BA-1929-07-25; BA-1933-Juni; BA-1934-01-27+28; BA-1936-10-14; BA-1939-01-20; Bochumer Stadtanzeiger 1952-10-30.

21 Schweizer Hilfe

– Schweizerisches Sozialarchiv, Stadelhoferstraße 12, CH – 8001 Zürich. https://www.sozialarchiv.ch/archiv/
– Ruedi Epple, Eva Schär: Spuren einer anderen Sozialen Arbeit. Kritische und politische Sozialarbeit in der Schweiz 1900-2000, Zürich 2015
– Wilfried Maehler, Michael Ide: Luftschutz in Bochum. Bochum 2004.
– Hans H. Hanke: 50 Jahre Wiederaufbau. In: Bospect. Das Bochumer Kulturmagazin. Bochum, Dezember 1994, S. 4-7.

22 In perfekter Harmonie

– Hans H. Hanke: Bronzeglocke vom Bochumer Rathaus. In: Ingrid Wölk, Hg.: Sieben und Neunzig Sachen. Bochum 1910–2007. Katalog zur Ausstellung des Zentrums für Stadtgeschichte. Essen 2007, S. 162f.

23 Öko-Dreieck

– Marco Rudzinski: Die Kolonie Stahlhausen und ihre Töchter. In: Bochumer Zeitpunkte Nr. 28. Bochum 2012, S. 3-15.
– Carola Kemme, Julia Schöning: Das Öko-Dreieck in Bochum-Stahlhausen. In: Kortum-Gesellschaft Bochum e.V., Hg., Hans H. Hanke, Red.: Tag des offenen Denkmals 1998. Bochum 1998, S. 26-27.

24 Alles für die Kinder

– Hans H. Hanke: Nicht allein auf Zeit, sondern auf Ewigkeit. In: Ev. Stiftung Overdyck, Hg.; Felix Ehlert, Dorothea Budde, Red.: 200 Jahre Evangelische Stiftung Overdyck 1819–2019. Festschrift. Witten 2019, S. 8-89.

25 Gestapelte Bungalows

– Knut Stegmann: Das Bochumer Terrassenwohnhaus Girondelle (1967–1971). In: Bochumer Zeitpunkte. Heft 40 / 2019. Bochum, S. 6-15.

26 Wasser-Spiele

– Magret Wortelmann: Fritz Wortelmann, Volksbildner und Puppenspieler aus Werne. ND in: Zeitpunkte Nr. 37. Bochum 2017, S. 39-43.
– Andrea Schmidt: Zwischen Tradition und Experiment. Anmerkungen zu Puppenspiel und Avantgarde, zur Fortschreibung von Traditionslinien und zum Aufbau von Institutionen unter besonderer Berücksichtigung der Aktivitäten Fritz Wortelmanns. Frankfurt am Main 2002.
– Ernst Albrecht Plieg: Weitmar – Landkreis Bochum. Biographie einer Amtsgemeinde im Ruhrgebiet 1.10.1892 – 1.4.1926. Horb am Neckar 2000, S. 83-91.
– Stadtwerke Bochum GmbH, Hg., Lothar Wagner: Stadtwerke Bochum. 125 Jahre im Dienste des Bürgers. Bochum 1980.

27 Mit der Gefahr spielen

– Freundliche Auskünfte und Einblicke durch das Team Unfallprävention: Simone Hafermas, Evelyn Glenz 2023. Polizeipräsidium Bochum, – – – Pressestelle, Hg., Siegfried Klein, Marco Bischoff, Red.: 60 Jahre Puppenbühne beim Polizeipräsidium Bochum. Bochum 2013.